맛의 기쁨

도림 스님의

도 림 지 음

미림원

"스님 사찰음식은 언제부터 잘하셨어요?"라는
물음을 받을 때면 문득 머릿속에서 "전생에 이 일을 하지 않았을까요?"라고 답을 하곤 합니다.

출가 전엔 봄에는 산에서 고사리 꺾고 들에서는 쑥, 냉이를 캐고 여름에는 산딸기를 따고
냇가의 고둥 잡으며 가을에는 머루, 다래, 얼음을 따고 겨울에는 더덕과 도라지를 채취하는 것
을 남달리 좋아하였습니다. 이렇듯 유년시절을 온 산천을 공유하고 사유하며 사계절을 자연과
벗이 되어 함께 살았습니다.

출가 후에는 배우지도 않았지만 하나를 보면 열을 아는 지혜가 생겨서 바느질, 상차림,
풀옷 손질 등 처음만 알려주면 금새 배울 수 있었습니다.
그래서 그런지 강원시절(지금의 승가대학 시절), 선원시절에
남은 재료로 이것저것 만들어 보았던 음식이 이렇게 책으
로 소개하게 되었습니다.

출가해 3개월은 채공소임(반찬 만드는 소임), 3개월은 공
양주소임(밥짓는 소임), 6개월은 시자소임(어른스님 시봉하는
소임)으로 행자시절 1년을 보냈습니다. 스님들은 상채공을
살고 행자는 하채공을 살던 시절 음식조리에 서투른 스님

들이 채공으로 나오면 공양시간에 늦지 않도록
공양을 차려야 해서 상, 하를 바꾸어 채공소임
을 살기도 했었습니다. 특강, 졸업식 상차림
등 특별한 행사 때에는 메뉴 선정, 다각 상차
림을 맡아서 해내는 일을 하기도 했습니다.

선원에서 소임을 살며 정진할 때는 남들과
다른 음식을 만들어 내는 조그만 재주가 있어
서인지 2007년 대한불교조계종 문화사업단에서 주최하는 대표적인 5대 암에 좋은 음식 전시
회에 참여하게 되었습니다. 이 계기로 지금까지 사찰음식 전시와 강의를 통해 눈으로 음미하
고 몸으로 느끼는 그런 마음을 전하는 밥상 차리는 스님으로 살아가고 있습니다.

처음엔 책 출간은 생각지도 않았지만 제자들의 격려와 도움으로 출간을 결심하게 되었습
니다. 책이 나오기까지 많은 도움을 주신 여러분들에게 깊은 감사의 인사를 드립니다. 아무쪼
록 이 책에 담은 음식으로 소중한 사람과 나누는 마음의 밥상이 되었으면 하는 깊은 바람으로
이 책을 전합니다.

Chapter 02

선원 시절

Chapter 03

Chapter 04

도림 스님의
장류, 청류, 채수

Chapter 05

부처님 오신날
저녁 공양 &
김장 나눔 행사

Chapter 06

NUN DORIM
and
YOUNG BUN

Chapter 01

승가대학(강원) 시절

화전
Hwajeon
—
Flower Pancake

─────────────── 재료 ───────────────

찹쌀가루 2C   진달래꽃 10개
소금 1/2T   냉이꽃 20개
식용유 2T

─────────────── 만드는 법 ───────────────

1   찹쌀가루는 소금 간해서 익반죽한 후 적당한 크기로 동글납작하게 만든다.

2   기름기를 닦아낸 팬 위에서 한 면이 익으면 뒤집어서 진달래꽃, 냉이꽃을 올린 후
    뒤집어서 살짝 구워 준다.

3   꽃 부분을 오래 구우면 화전이 예쁘지가 않으니 신경 써서 굽도록 한다.

가죽나물
Gajuknamul

Chinaberry tree leaves Salad

재료

가죽나물 200g   들기름 1T
간장 2T   깨소금 1T

만드는 법

1   가죽나물은 살짝 데쳐준다.

2   데쳐준 가죽나물은 간장, 깨소금, 들기름에 보슬보슬하게 무쳐준다.

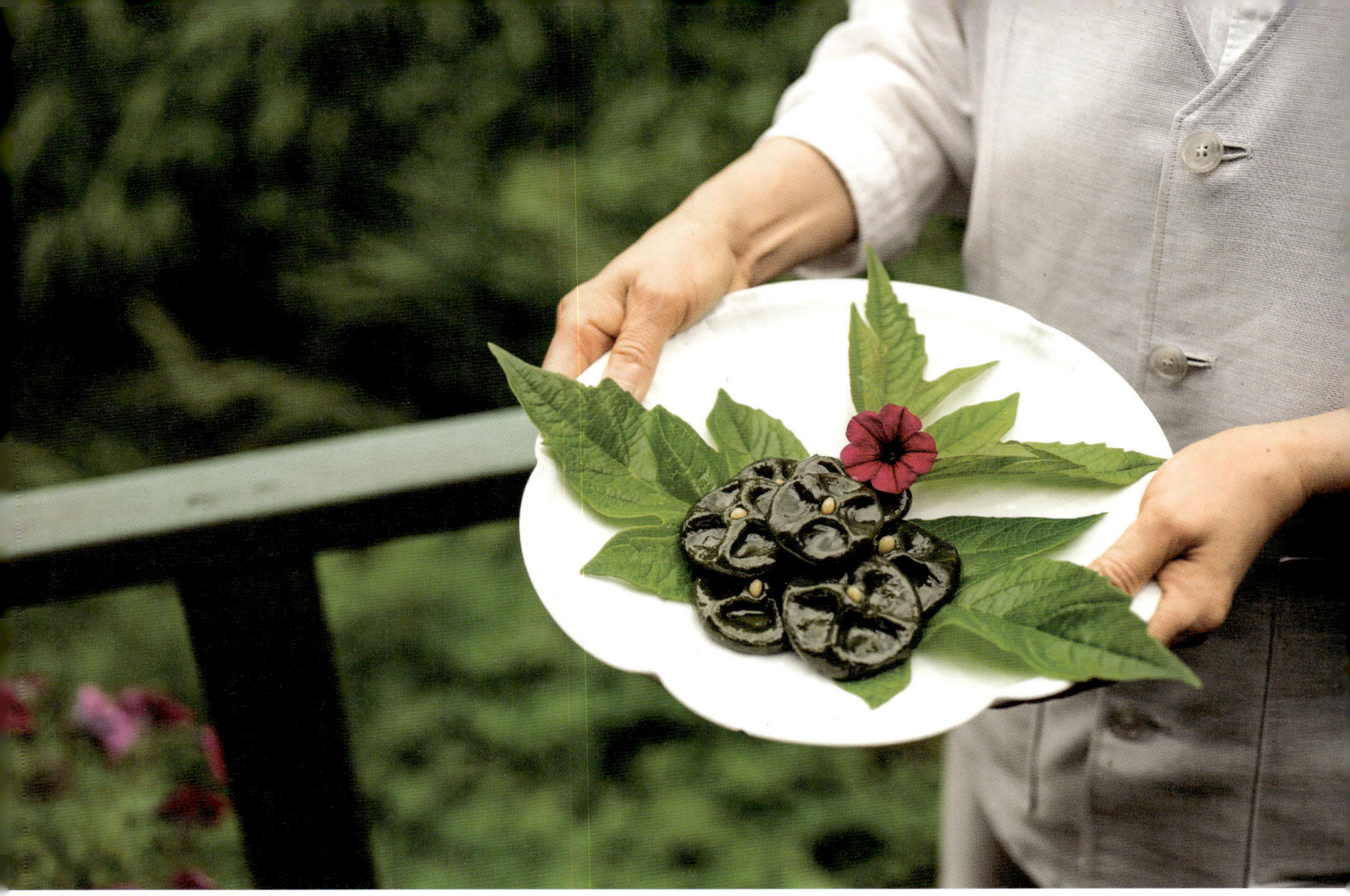
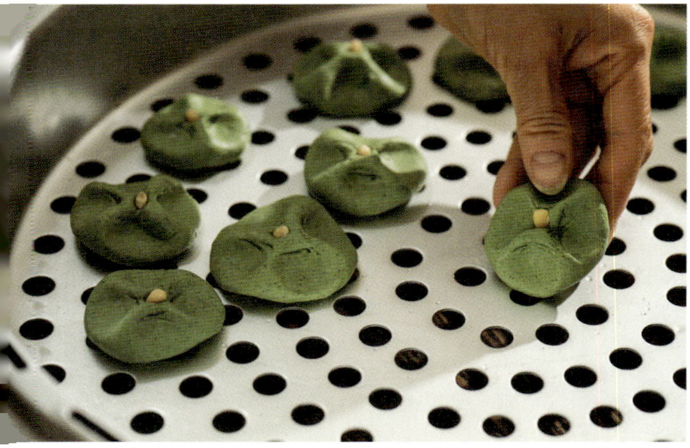
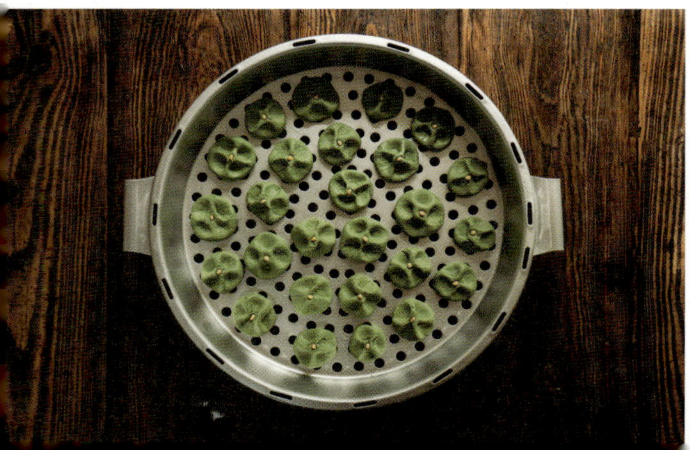
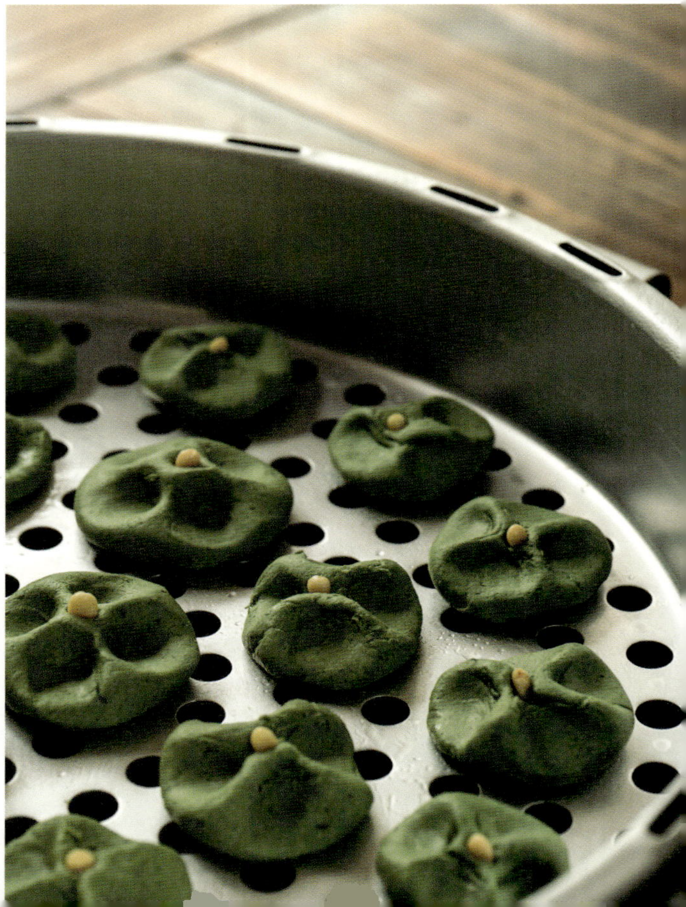

쑥개떡
Ssukgaetteok

Mugwort Rice Cake

— 재료 —

쑥 500g   통잣
쌀가루 300g   참기름
소금 1T

— 만드는 법 —

1   쌀은 하루 전에 불려주고 쑥은 삶아서 물기를 제거해 둔다.

2   쑥과 함께 소금 간을 해 방앗간에서 여러 번(세번 이상) 체에 곱게 내려준다.

3   반죽을 경단만 하게 잘라 동그랗게 빚어 양쪽 엄지 손가락으로 마주보고 눌러
     꽃모양을 만들고 가운데 통잣을 깊게 넣어준다.

4   찜기에 30분 쪄서 참기름에 소금을 섞어서 발라준다.

 반죽을 오래 치대야 떡이 쫀득하다.

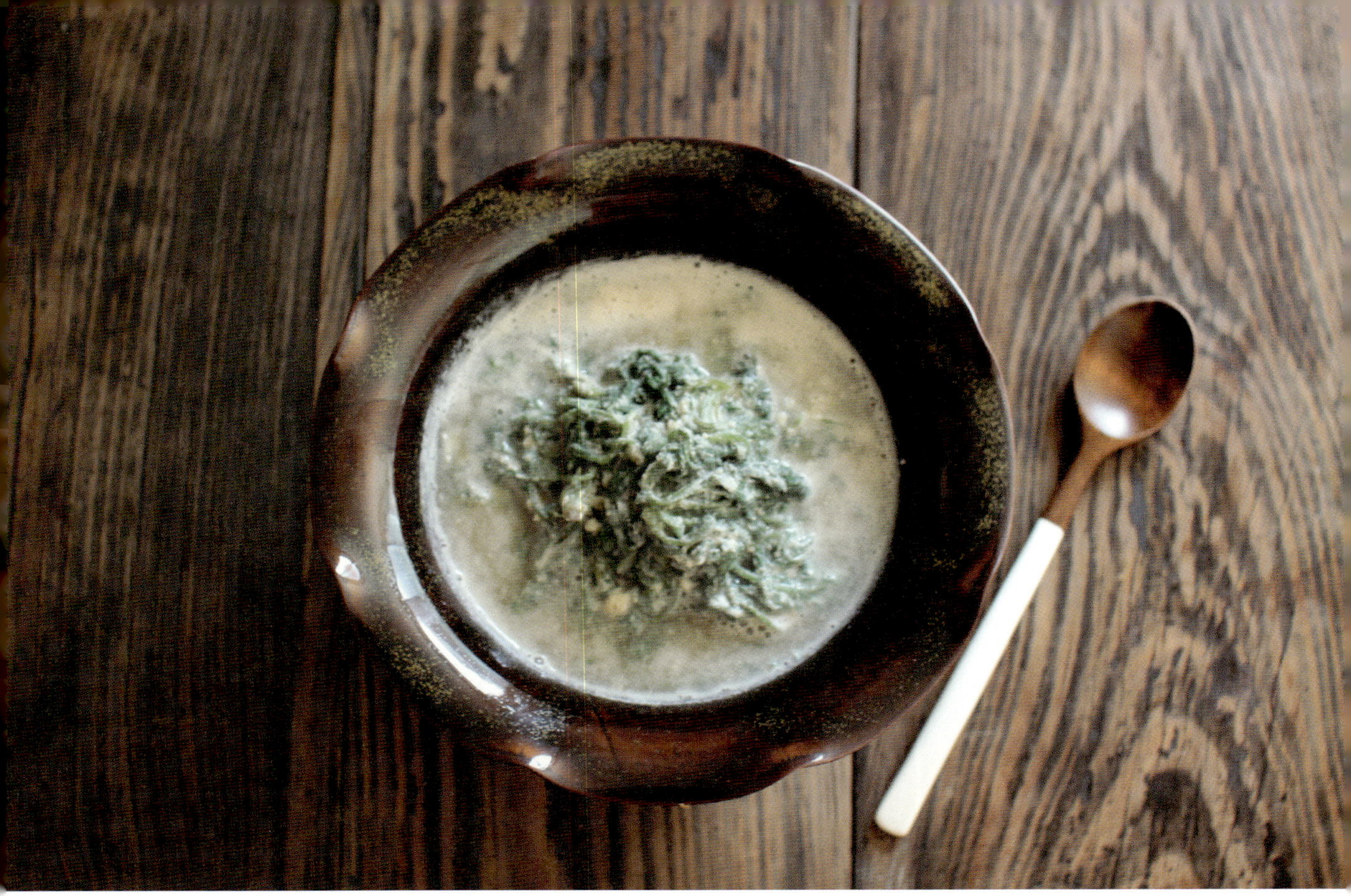
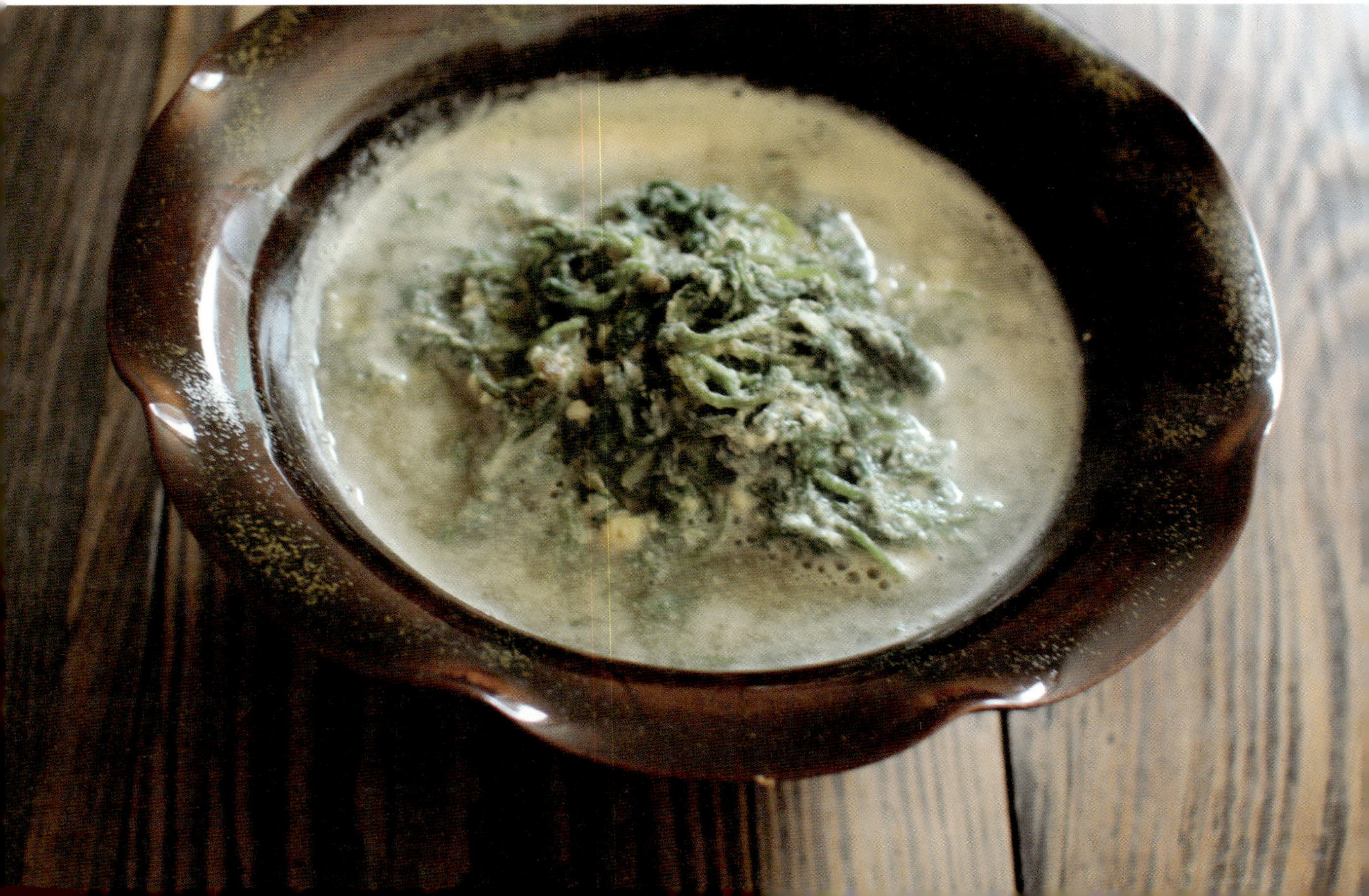

쑥국
Ssukguk

Mugwork Soup

재료

쑥 100g   생콩가루
채수 5C   소금
무 1/5개

만드는 법
---

1   쑥은 깨끗이 씻어서 생콩가루에 버무려 준다.

2   무는 채를 쳐둔다.

3   채수에 무채를 넣고 끓기 시작하면 생콩가루를 묻혀둔 쑥을 넣고
     한소끔 끓인 후에 소금으로 간을 한다.

호박만두
Hobakmandu
—
Summer Squash Dumpling

───────────── 재료 ─────────────

애호박 10개   들기름 3T
만두피 50장   참기름 1T
생표고버섯 10개   후추
잣 1C   소금

───────────── 만드는 법 ─────────────

1   애호박은 곱게 채를 썰어 소금에 절인다.

2   절인 애호박은 살짝 물기를 제거한 후에 들기름, 소금, 후추를 넣고
     살짝 볶아서 식혀 둔다.

3   생표고버섯은 곱게 채를 썰어 들기름, 후추, 소금을 넣고 볶아준다.

4   볶아놓은 애호박과 표고버섯에 참기름을 넣고 골고루 섞어준다.

5   만두피에 속을 가득 채워서 예쁘게 만두를 빚어서 찜기에 20분간 쪄준다.

상추대궁전

Sangchudaegungjeon

Lettuce Pancake

상추 200g

밀가루 1C

도토리가루 1C

간장 2T

채수 3C

들기름 1/2C

양념장 재료

고추장 3T

매실청 3T

식초 1T

만드는 법

1   상추대궁은 씻어서 물기를 제거해 둔다.

2   준비된 채수에 밀가루, 도토리가루, 간장을 넣고 잘 섞어 반죽한다.

3   상추 앞, 뒤에 고운체를 사용해 밀가루를 뿌려 둔다.

4   팬에 들기름을 두르고 노릇노릇하게 부친다.

5   완성된 상추대궁전과 양념장을 같이 곁들여 낸다.

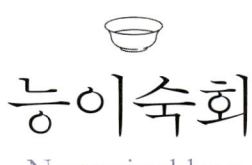

능이숙회
Neungisukhoe
—
Parboiled Neungi Mushroom

재료

생 능이버섯 3개
소금 1T

양념장 재료

고추장 3T
매실청 1T
식초 1T

만드는 법

1   능이버섯은 잘 다듬어 소금물에 살짝 데쳐준다.

2   고추장, 매실청, 식초를 섞어서 초고추장을 만든다.

3   취향에 맞게 초고추장을 함께 곁들여 내거나 무쳐내도록 한다.

능이버섯

9월이 제철인 능이버섯은 우리말로
곰버섯이라고도 한다. 1능이, 2표고, 3송이라는 말에서
알 수 있듯이 능이버섯은 좋은 약성을 갖고 있는
최고의 버섯이다. 흑냄새, 풀냄새, 나무냄새, 꽃향기,
고기향 등 독특한 향을 느낄 수 있다.

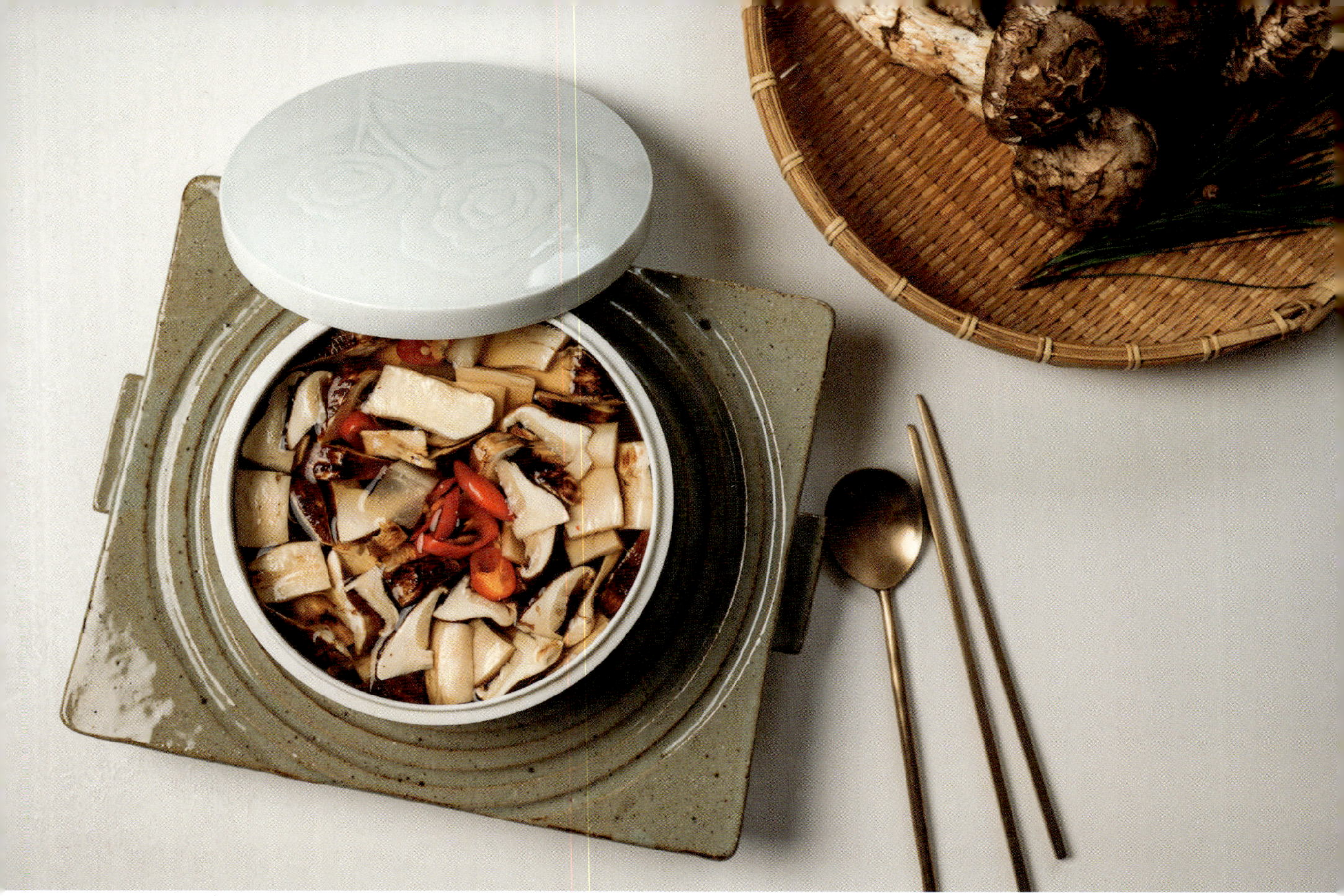
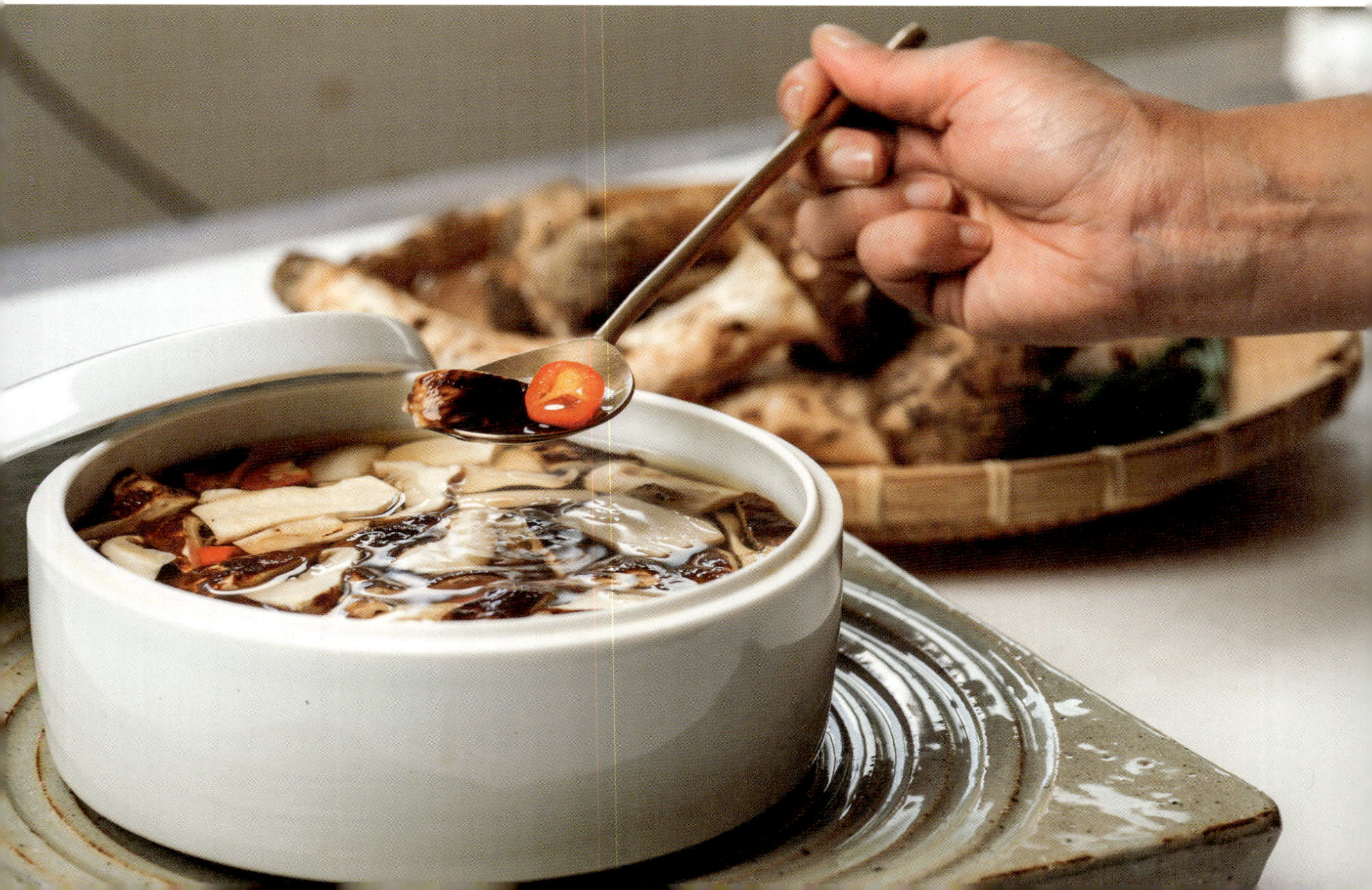

송이탕국

Songitangguk

Pine Mushroom soup

재료

송이버섯 3개   간장
무 1토막   소금
채수 5C   홍고추

만드는 법

1   송이버섯은 손질해서 나박하게 썰어준다.

2   무도 같은 모양으로 나박하게 썰어준다.

3   채수에 무를 먼저 넣고 충분히 끓여준 후 송이버섯을 넣고
      간장, 소금으로 간을 해 한소끔 끓여준다.

4   어슷하게 썬 홍고추를 올려준다.

송이버섯

자연산 송이버섯은 온전히 천연 소나무의 향과 맛을
담고 있어 사람들의 인기가 많다. 8월 말에서 10월 초순경까지
한정된 기간에 채취할 수 있고, 등급을 나눠서 판매된다.
엽산, 비타민B, 비타민D, 나이아신, 글루칸이 풍부하게 함유하고
있으며 신진대사를 촉진시켜 면역력 향상에 도움이 된다.

자연산 송이구이
Songigui

Grilled Pine Mushroom

재료

송이버섯 5개   소금 1/2T
솔잎 1가지   참기름 2T

만드는 법

1   송이버섯은 뿌리 쪽 흙을 잘 다듬어서 깨끗이 씻어 물기를 제거해 준다.

2   0.2cm 정도 얇게 썬 송이버섯은 팬에 참기름을 두르고 소금 간을 살짝 해서
     금방 구워낸다.

3   솔잎 위에 송이구이를 올려준다.

배추김치
Baechukimchi
—
Cabbage Kimchi

────── 재료 ──────

배추 20kg   고로쇠간장 1C

무 2개   개복숭아효소 1C

갓 1단   연근죽 1C

청각 1C   현미찹쌀죽 1C

생강가루 4T   호박죽 2C

고추가루 500g   소금

────── 만드는 법 ──────

1   배추는 소금에 절여서 물기를 제거하고 무는 굵게 채를 썰어준다.

2   갓은 2cm 길이로 잘라 주고 청각은 잘게 다져준다.

3   고춧가루, 연근죽, 호박죽, 현미찹쌀죽, 고로쇠간장, 개복숭아효소, 생강가루, 청각을
넣고 양념을 만든다.

4   무와 갓을 양념에 버무린다.

5   물기 빠진 배추에 양념을 적당량 발라주면 완성이다.

여름무가 대중공양으로 많이 들어와 고민하다가 나박하게 썰어서

동치미를 만들었다. 재료가 부족하여 맛이 덜 나니 스님들께 어떻게 드리면

잘 드실까 지혜를 짜다가 장독대 항아리 뚜껑이 생각났다.

그 안에 동치미를 담아 찬상에 올려 드리니 감동하시며 맛있게 드셔 주셨던 동치미.

음식엔 맛도 중요하지만 마음과 정성이 더 중요함을 느낀 시절이다.

동치미
Dongchimi

Radish Water Kimchi

재료

무 10개
삭힌 고추 5개
갓 1단
소금 3C
물 18L

조선간장 1C
매실청 1C
배 1/4개
사과 1/2개

만드는 법

1   무와 갓은 깨끗이 씻어서 둔다.

2   항아리(김치통)에 삭힌 고추를 밑에 깔고 배와 사과를 넣고 무와 갓을 번갈아 차곡차곡 넣는다.

3   물에 소금, 조선간장, 매실청을 타서 항아리에 부어준다.

4   한 달 정도 지나면 맛있게 익는다.

무말랭이밥
Mumallaengibap

Dried Radish Rice

재료

불린 무말랭이 1C   **양념장 재료**
쌀 2C   참기름 1T
표고버섯 3개   간장 3T
간장 1T   청고추 1개
들기름 2T   홍고추 1개

만드는 법
---

1   불린 무말랭이와 불린 쌀, 표고버섯, 들기름, 간장을 넣고 밥을 짓는다.

2   밥이 다 되면 한 번 저어주고 뜸을 들인다.

3   청고추, 홍고추를 다져서 참기름, 간장을 넣고 만든 양념간장을 곁들여 비벼 먹는다.

Chapter 02

선원 시절

오이물김치
Oimulkimchi

—

Cucumber Water Kimchi

재료

오이 50개	생강가루 2T
무 2개	소금 2C
홍고추 20개	오미자청 1C
감자 10개	개복숭아효소 1C
물 27L	간장 1C

만드는 법

1 오이는 반으로 잘라서 십자로 칼집을 내준다.

2 물 18L에 소금 2C을 넣고 팔팔 끓여서 오이를 10분간 데쳐준 뒤
   차가운 물에 3번 정도 씻어서 물기를 제거한다.

3 무는 굵은 채로 썰어서 개복숭아효소에 절여둔다.

4 감자는 껍질 제거 후 물 9L에 소금 간해서 끓인 후 식혀 둔다.

5 홍고추도 채를 썰어준다.

6 무, 홍고추를 섞어서 오이속을 채워준 후 통에 담는다.

7 식혀 둔 감자 삶은 물에 오미자청, 간장, 생강가루를 넣고 오이를 담은 통에
   감자물을 가득 부어준다.

 여름에 먹기 좋은 김치다.

오이물김치

오이는 반갈라서 십자로 칼집을 내준다

물 18 L 소금 2C을 넣고 팔팔 끓여서

오이를 10분간 데쳐준뒤 차가운물에 3번정도

씻어서 물기를 제거한다

무우는 굵은 체를 쳐서 소금과 개복숭아효소에 절인다

감자는 껍질 제거후에 물 넉넉히 소금 간 해서

끓인후 식혀두고 홍고추도 채를 쳐준다

무·홍고추 섞어서 오이에 속을 채워서 통에 담는다

식혀둔 감자물·오이자청 간장 생강 넣어

오이를 담은통에 감자물을 가득 부어준다

도림 스님의 시그니처 레시피는 스님께서 출가 후 지금까지 음식을 만드시며 터득한
자신 만의 비법을 친필로 쓰신 것입니다.

96년 법주사 수정암 하안거 시절

|

감자를 삶아 국물을 만들고

무채, 고추채를 절인 오이에 속으로 넣고

오이물김치를 만드네.

갖은 야채를 볶아 피자 100판을 가마솥에 쪄서

산중공양 시키니 법주사 분장대 산중아

웃음으로 가득하였구나.

사찰피자
Sachalpizza
—
Temple Pizza

———— 재료 ————

감자 10개   소금 3T

양송이버섯 2팩   전분물 1C

홍 파프리카 3개   고추장 1T

황 파프리카 3개   토마토 5개

루꼴라 100g   간장 1T

모짜렐라 치즈 1봉지   후추 1T

식용유 5T   파슬리가루 1T

———— 만드는 법 ————

1   감자는 채를 썰어서 소금으로 간을 한 후 물에 담가 둔다.

2   양송이버섯은 적당하게 썰어준다.

3   홍 파프리카, 황 파프리카는 둥글게 썰어준다.

4   고추장, 토마토, 간장, 후추, 파슬리가루를 끓여서 식혀 둔다.

5   채 썬 감자는 물기 제거 후 식용유를 두른 팬에 얇게 펴서 노릇하게 구워준 후
     한 번 뒤집는다.

6   그 위에 고추장토마토소스를 골고루 발라준 후 양송이버섯, 모짜렐라치즈,
     파프리카, 루꼴라 순으로 올려준다.

7   뚜껑을 덮고 약불로 5분간 익혀준다.

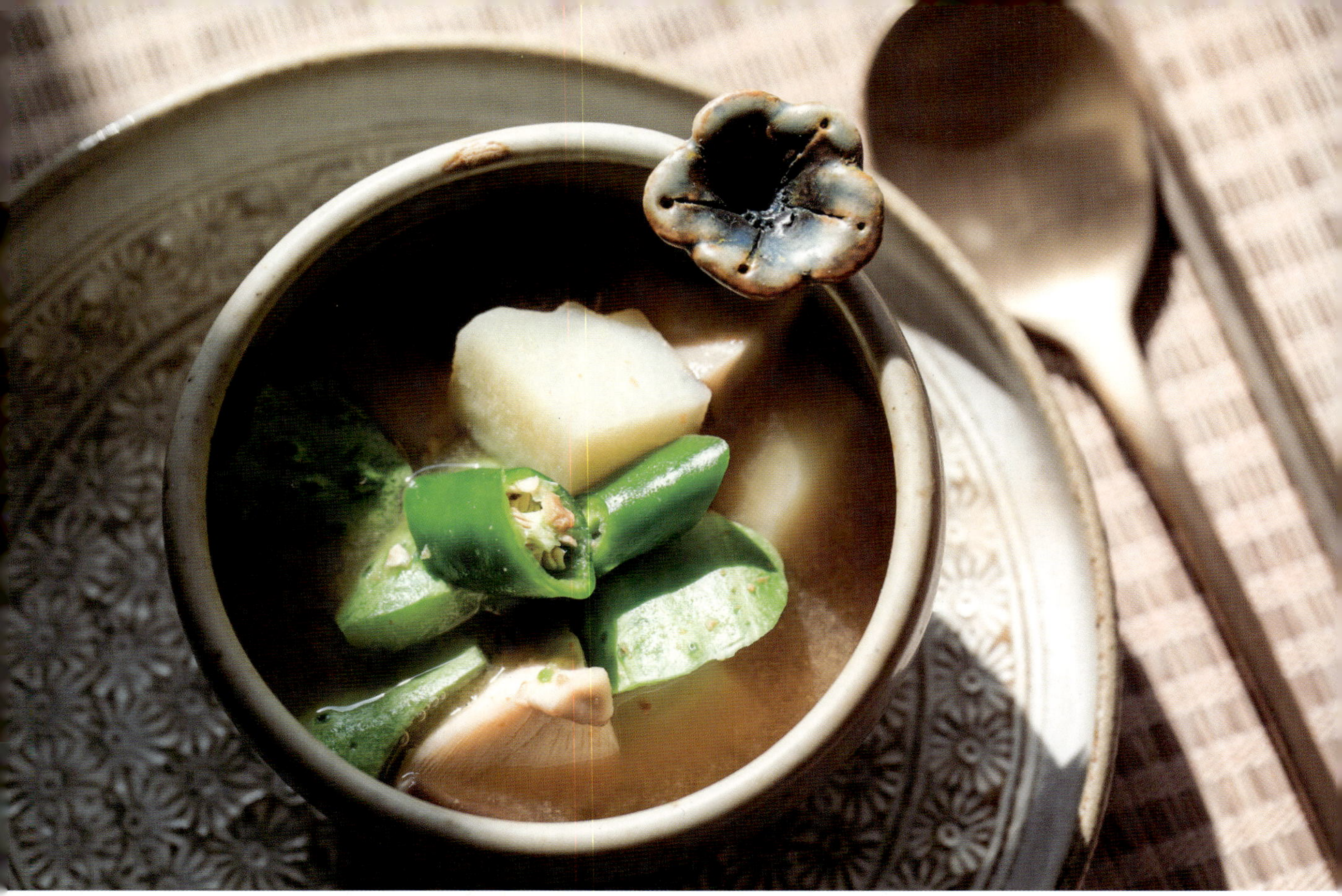

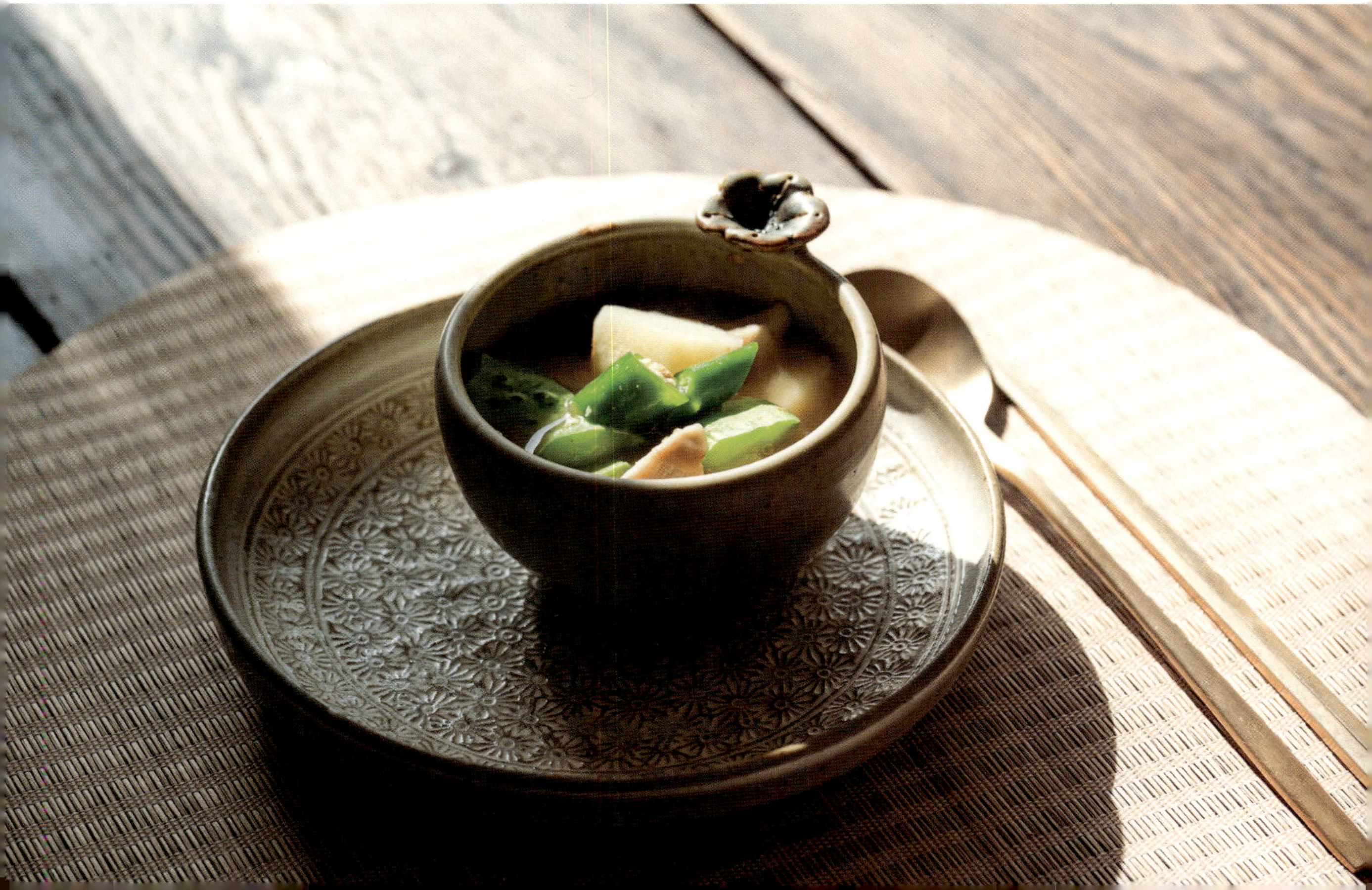

오이된장찌개

Oidoenjangjjigae

Soybean Paste Stew with Cucumber

재료

오이 1개   청고추 1개
표고버섯 2개   채수 2C
감자 1개   된장 2T

만드는 법
---

1   오이는 깍둑썰기 한다.

2   표고버섯은 4등분으로 썰고 감자는 깍둑썰기하고
     청고추는 숭덩숭덩 썬다.

3   채수에 버섯, 감자, 오이, 청고추 순으로 넣고
     된장을 풀어서 한 번 더 끓여준다.

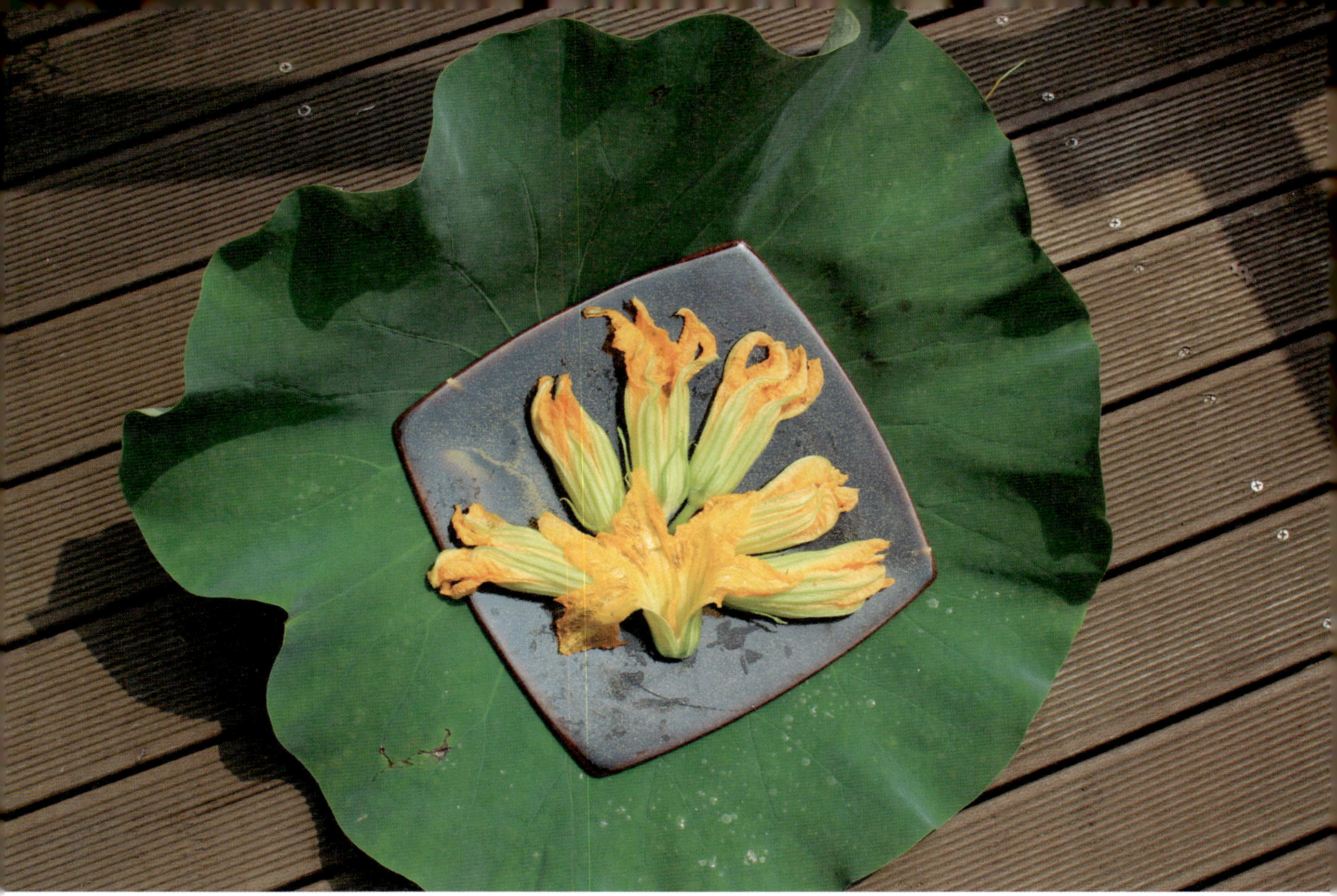

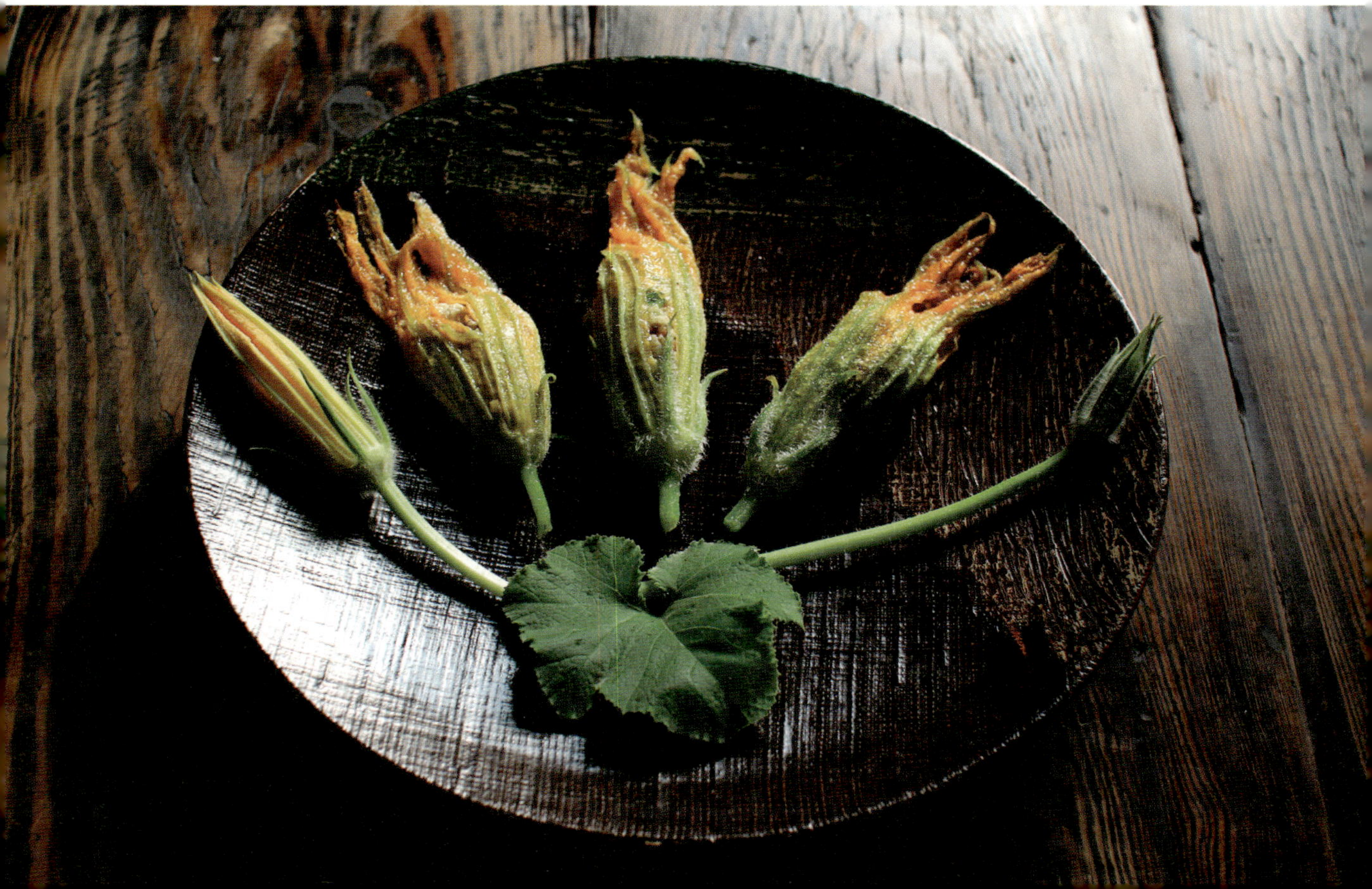

호박꽃만두

Hobakkkotmandu

Pumpkin Flower Dumpling

재료

호박꽃 20개
호박 3개
표고버섯 5개
당근 1개
두부 1/4모
잣 1/2C
청고추 3개

들기름 3T
참기름 1T
간장 1/2T
감자전분 1/2C
후추
소금

만드는 법

1   호박은 채 썰어서 소금에 절여 들기름에 볶아준다.

2   표고버섯도 채 썰어서 간장, 후추를 넣고 들기름에 볶아준다.

3   당근도 채 썰어서 소금을 넣고 들기름에 볶아준다.

4   두부는 물기 제거 후에 다져서 마른팬에 소금 간을 해 볶아준다.

5   청고추는 다져서 마른팬에 아주 살짝 볶아준다.

6   모든 재료와 함께 통잣, 참기름을 넣어 만두소를 만든다.

7   호박꽃은 씻어서 속에 있는 꽃술을 제거해준 뒤 만두소를 채워서
    입구 쪽을 살짝 눌러준다.

8   호박꽃에 감자전분을 골고루 묻혀 둔다.

9   6~10분 정도 살짝 쪄준다.

배물국수

Baemulguksu

—

Korean Pear Noodle

재료

국수 4인분
배 2개
무 1/2개

양념장 재료

홍고추 3개
간장 1/2C

만드는 법

1 배와 무는 갈아서 베보자기에 짜서 배물을 만들어 시원하게 보관한다.

2 국수를 삶아서 찬물에 헹구어 물기를 제거한다.

3 홍고추는 다진 후 간장을 섞어 양념장을 만든다.

4 그릇에 국수, 배물, 양념장을 넣어 시원하고 깔끔하게 내어 놓는다.

도림 스님의 시그니처 레시피

배물국수

배 무 갈아서   배보자기에 짜서

배물은 만들어   시원하게 보관한다

국수를 삶아서   물기를 제거하와

홍고추는 다진후   간장에 섞어

깔끔한 양렴장을   만든다

그릇에 국수 배물 양렴장 넣어

만 떡하고   깔끔하게   먹는다

도림 스님의 시그니처 레시피는 스님께서 출가 후 지금까지 음식을 만드시며 터득한
자신 만의 비법을 친필로 쓰신 것입니다.

백양사 천진암 하안거 선원시절

하안거 다각소임 시절
굴러다니는 배를 어떻게 해야 좋을까?
마침내 생각해 낸 것이 대중스님들께
맛있게 드실 수 있도록 배와 무를 갈아 만든
재래간장으로 배물국수를 만들어 드렸네.
그 맛이 그대로 지금까지
수행자의 승소(스님들의 미소) 국수가 되었네.

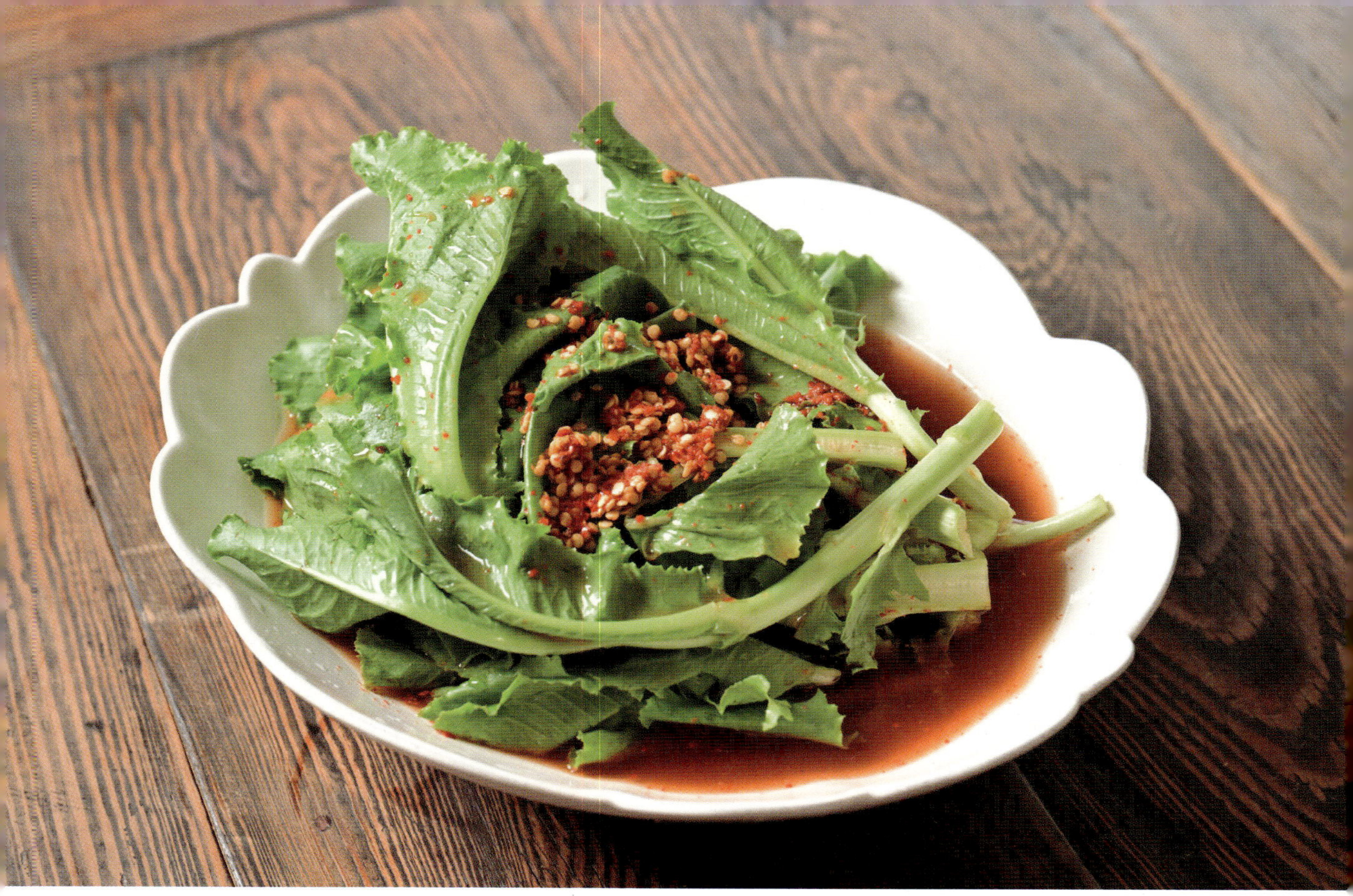

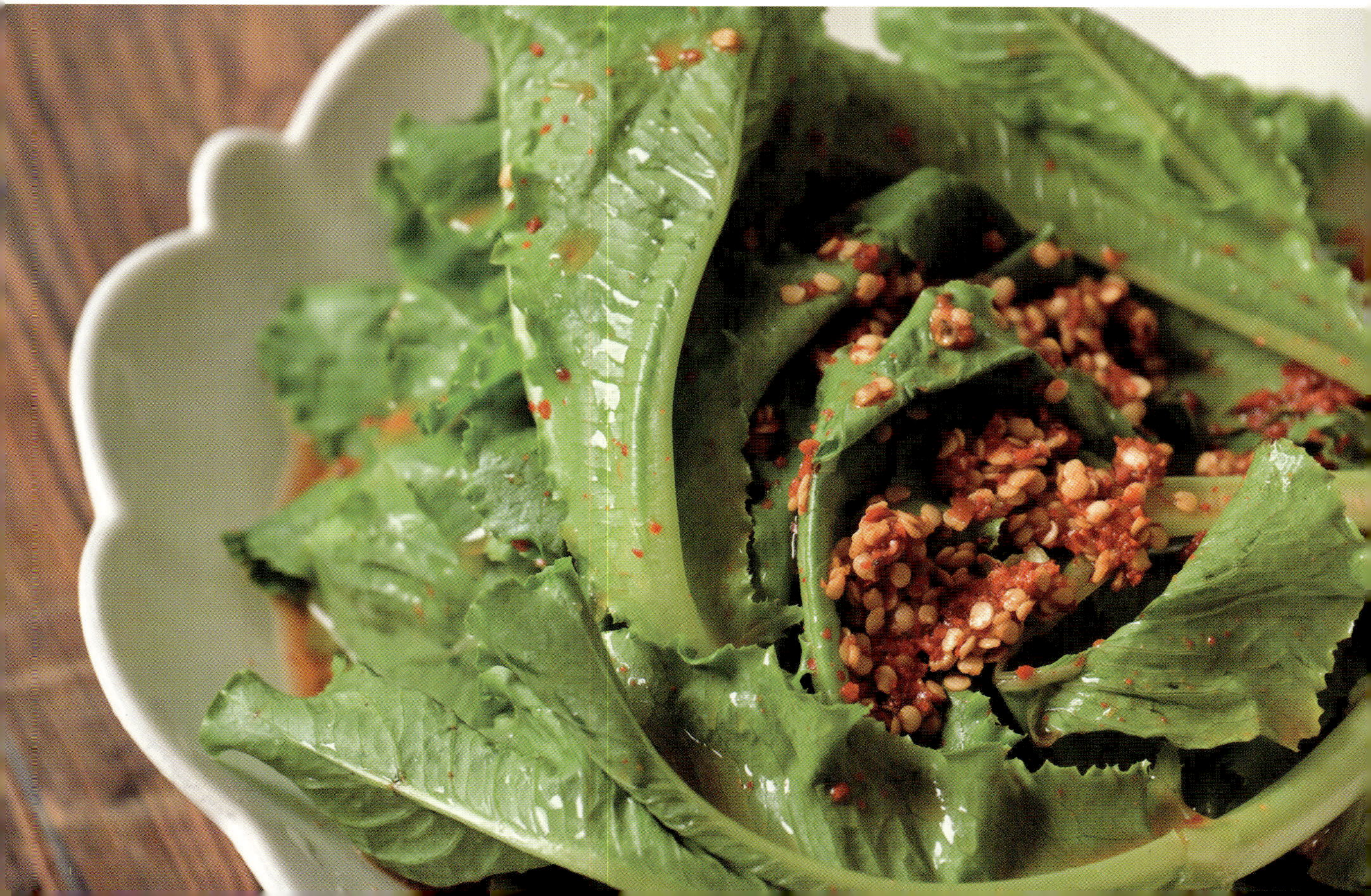

상추대궁김치

Sangchudaegungkimchi

—

Lettuce Stem Kimchi

재료

상추 2kg
채수 5L
홍고추 100g
고추가루 1/2C
고추씨 1C

연근가루 1/2C
간장 2C
개복숭아효소 2C
생강가루 2T

만드는 법

---

1 상추는 씻어 물기를 제거해 둔다.

2 채수 3C에 연근가루를 넣어 풀을 쑨다.

3 홍고추는 거칠게 갈아 둔다.

4 나머지 채수에 연근죽, 홍고추 간 것, 고춧가루, 고추씨, 간장, 개복숭아효소,
   생강가루를 넣어 잘 섞는다.

5 김치통에 상추를 넣고 만들어 둔 양념을 부어준다.

 상추대궁은 생것이라 간을 짭짤하게 한다.

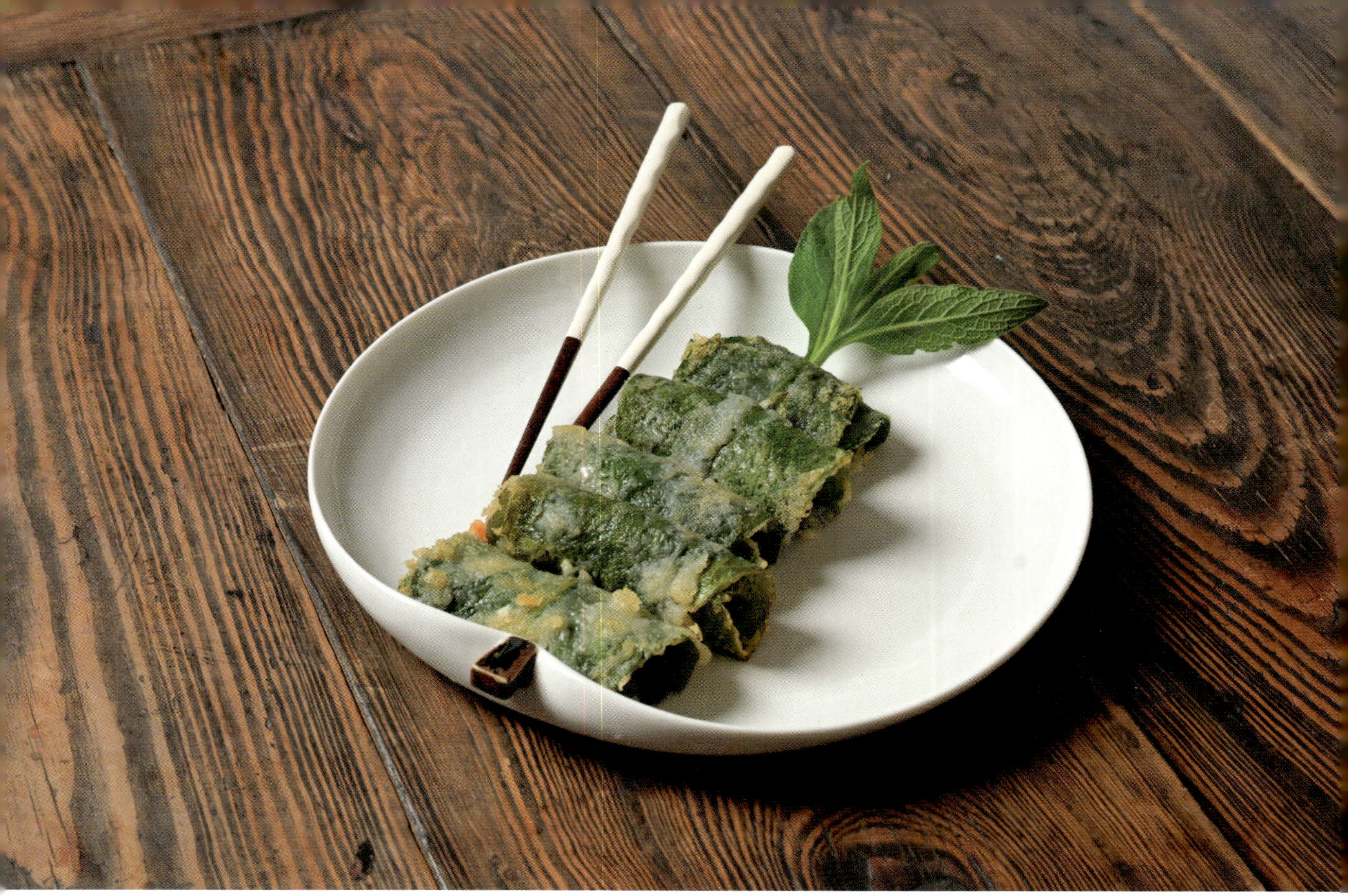

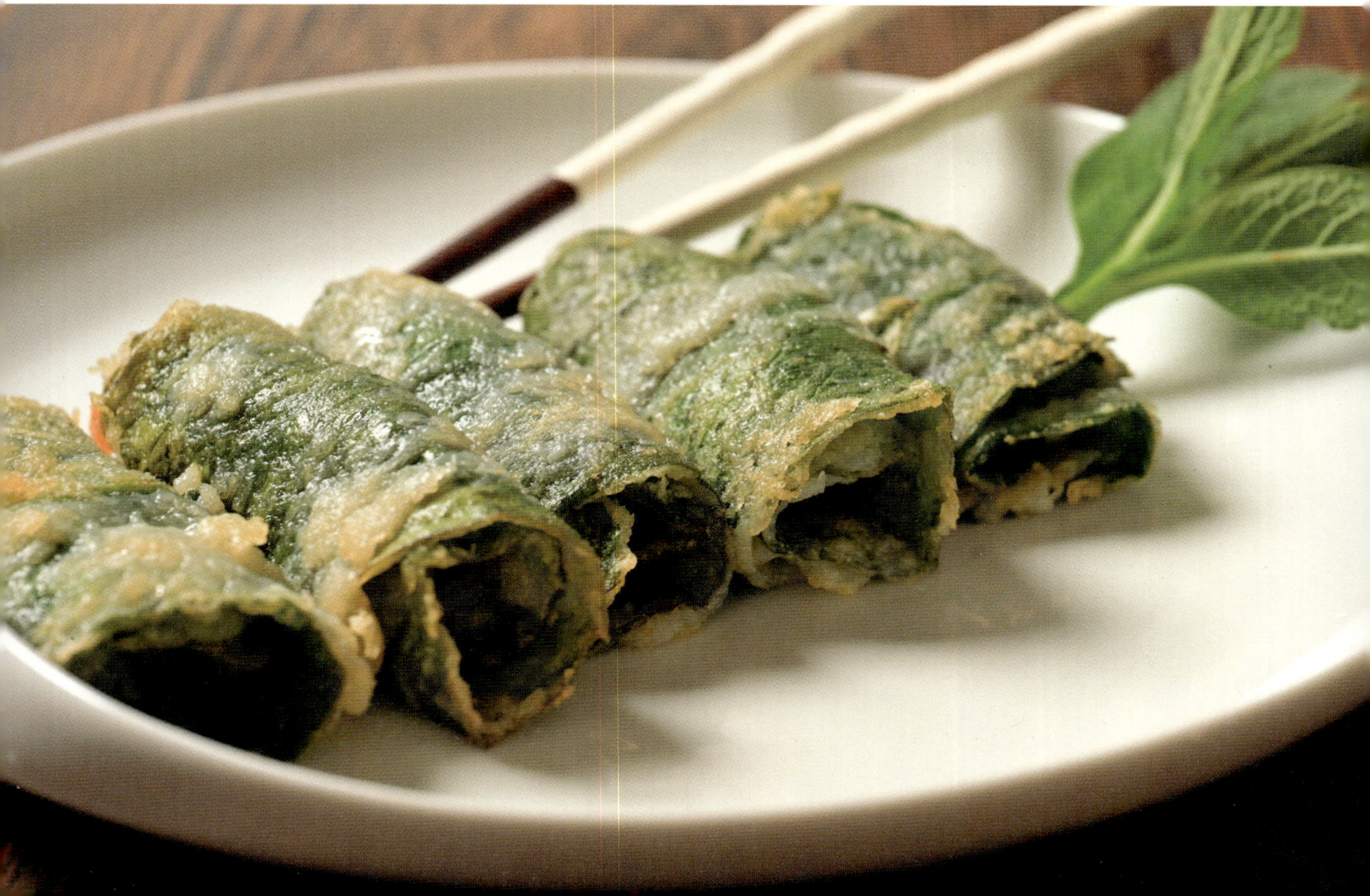

호박잎 감자전
Hobaknipgamjajeon

Pumpkin Leaves and Potato Pancake

재료

호박잎 10장   소금 1T
감자 5개   식용유

만드는 법

1   호박잎은 깨끗이 씻어 물기를 제거해 준다.

2   감자는 강판에 갈아서 소금으로 간을 한다.

3   감자를 호박잎 한 면에 바르고 양쪽을 노릇하게 부쳐서 돌돌 말아준다.

    호박잎은 박잎으로 대체 가능하다.

배김치
Baekimchi

Korean Pear Kimchi

재료

배 2개
절인 배추 1포기
밤 10개
대추 10개
홍파프리카 1개
청파프리카 1개

채수 6C
간장 1/2C
개복숭아효소 1/2C

만드는 법

1   배는 통째로 속을 파서 둔다.

2   밤과 대추는 채를 썰어 준다.

3   홍 · 청파프리카도 채를 썰어 준다.

4   절인 배추에 채썰은 밤, 대추, 파프리카를 넣고 돌돌 말아서 배 속에 넣는다.

5   채수에 간장, 개복숭아효소를 잘 섞은 것을 부어준다.

능이국수
Neungiguksu

Neungi Mushroom Noodle

재료

능이버섯
국수 4인분
채수 1.8L
애호박 1개
묵은지 1/4포기
간장 4T
참기름 1T

깨소금 1T
들기름 1T
소금 1/2T

양념장 재료
홍고추 2개
간장 2T

만드는 법
---

1   채수에 능이버섯과 간장을 넣고 끓여준다.

2   애호박은 가늘게 채를 쳐서 들기름, 소금에 볶아준다.

3   묵은지는 잘게 썰어서 참기름, 깨소금에 무쳐 둔다.

4   국수를 삶아서 그릇에 담고 능이채수를 적당량 부어준 후
      애호박나물, 묵은지를 올린 후 양념장을 곁들여 먹는다.

무전
Mujeon

Soybean Paste Noodle

재료

무 1개　　　　　들기름 1T
채수 5C　　　　밀가루 3C
간장 2T　　　　부침유(들기름+식용유)

만드는 법

1　무는 둥글게 두께 0.5cm로 썰어 둔다.

2　채수에 썰어 둔 무, 간장 1T, 들기름 1T을 넣고 살짝 무르게 삶아서 식혀 둔다.

3　무 삶은 물은 버리지 말고 잘 식혀서 간장 1T을 넣고 밀가루 반죽을 한다.

4　식혀 둔 무에 밀가루 반죽을 입혀준다.

5　팬에 부침유를 두르고 무를 노릇노릇하게 구워 준다.

6　초고추장이나 간장을 취향대로 곁들여 내면 된다.

무전

무는 둥글게 두께 0.5cm로 썰어둔다

채수에 썰어둔 무 간장1T 들기름1T를넣고

살짝 무르게 삶아서 식혀둔다

무 삶은물은 버리지 말고 잘식혀

간장1T를 넣고 밀가루 반죽을 한다

식혀둔 무 에 밀가루 반죽을 입혀

전에 부침유 두르고 무를 노릇하게

구워 초고추장 곁들여 낸다

도림 스님의 시그니처 레시피는 스님께서 출가 후 지금까지 음식을 만드시며 터득한
자신 만의 비법을 친필로 쓰신 것입니다.

천성산 내원사 동안거 시절

|

동안거 자색소임(전 부치는 소임) 시절

무 썰어 채수에 간장, 들기름 넣고 삶아

그 물에 반죽해 들기름에 무전 노릇노릇 부쳐주니

선방 스님들이 다시 요청하셔서

추운 겨울 추운 줄도 모르고 무전을 또 부쳤네.

이심전심 따뜻한 동안거였네.

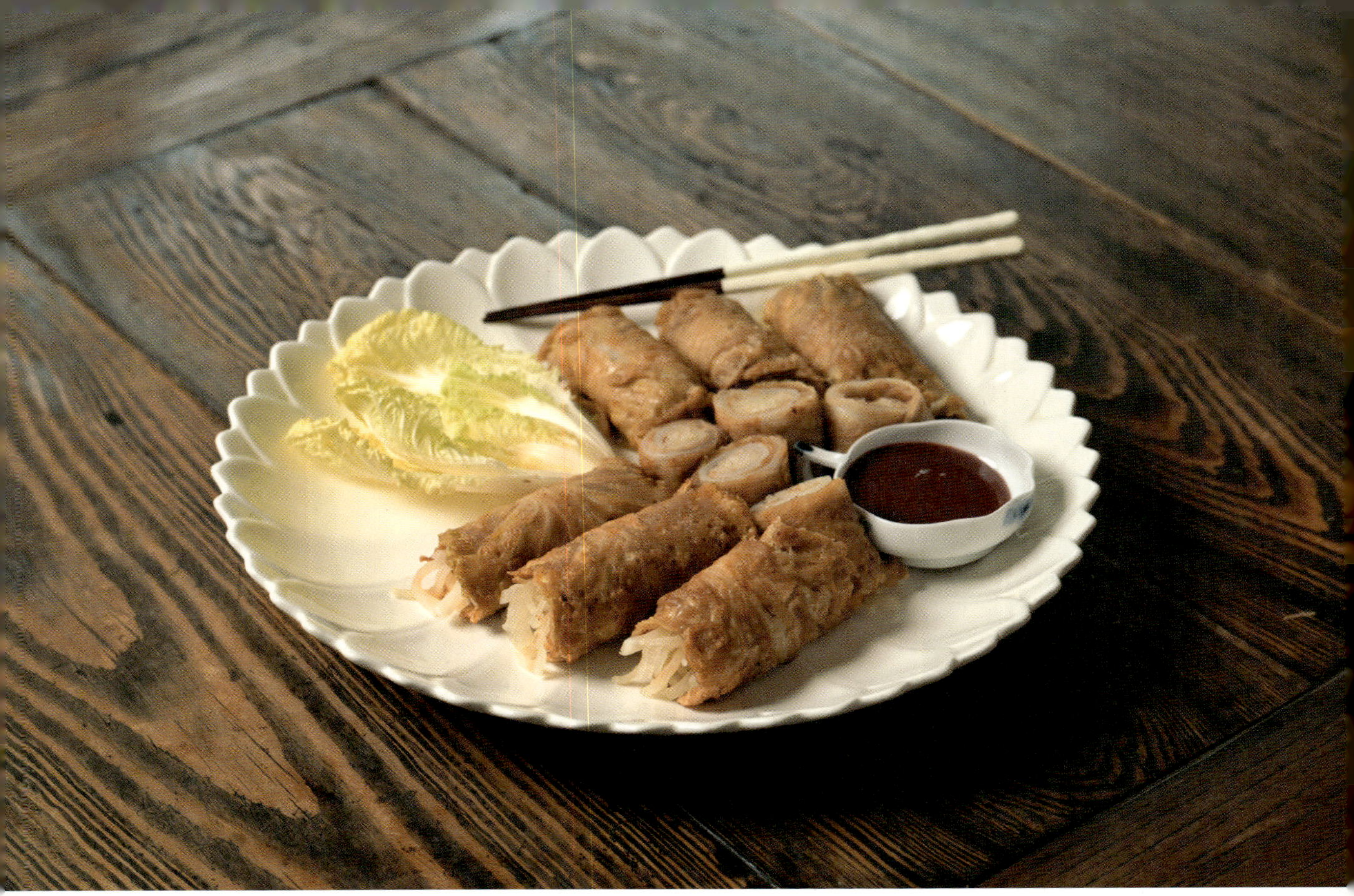

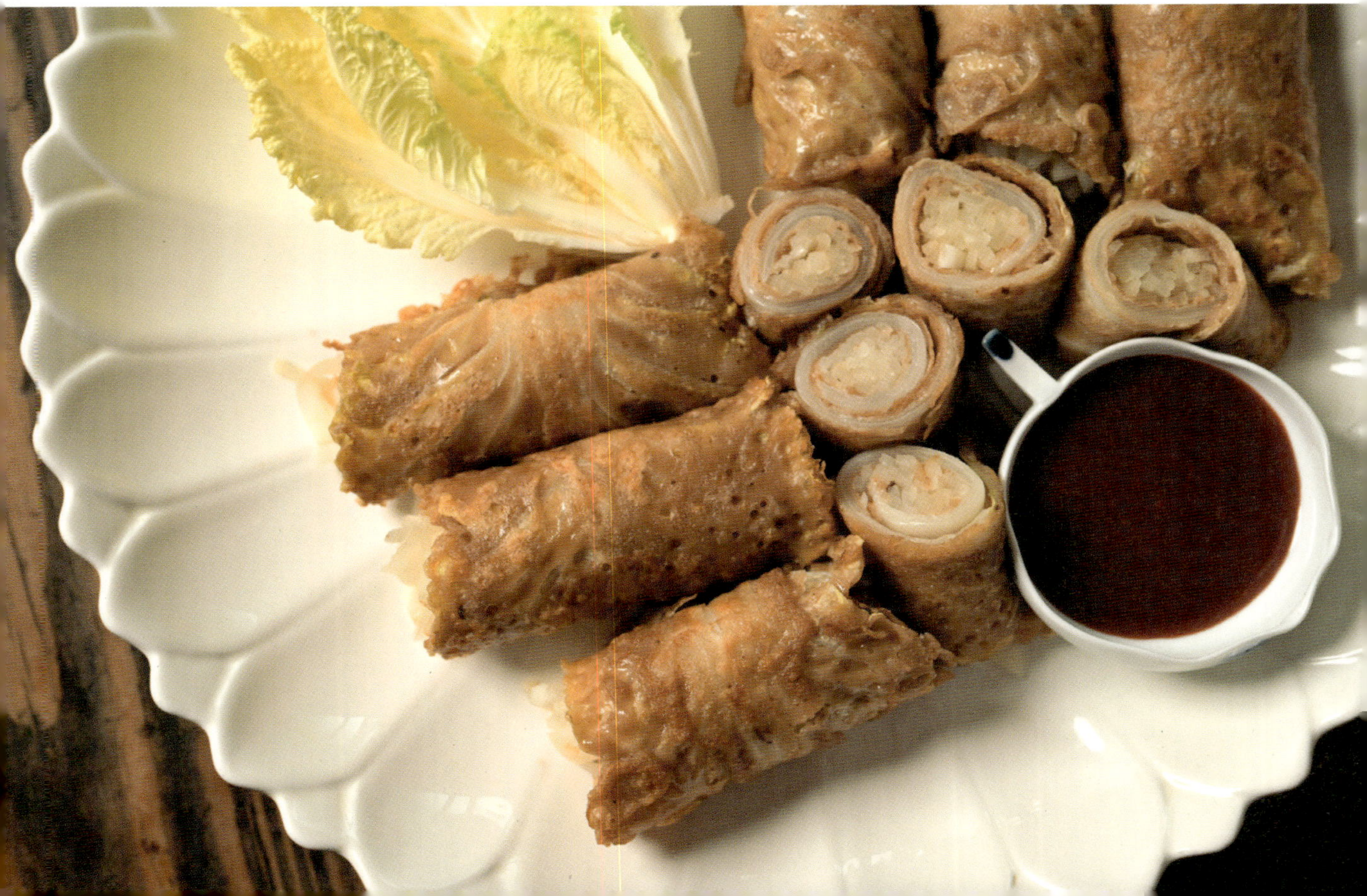

배추무말이전
Baechumumarijeon

—

Cabbage Radish Roll

재료

배추 1개
무 1/4개
채수 5C
밀가루 3C
도토리가루 2T
간장
부침유(들기름+식용유)

양념장 재료

고추장
매실청
식초

만드는 법

1   배추잎을 깨끗하게 씻어 둔다.

2   무는 채 썰어서 부침유로 살짝 볶아 둔다.

3   채수에 밀가루, 도토리가루, 간장을 섞어 부침옷을 만든다.

4   달군 팬에 부침옷을 입힌 배추를 노릇하게 지진다.

5   볶아 둔 무를 지진 배추잎에 넣고 돌돌 말아주면 완성이다.

도림 스님의 시그니처 레시피

배추무말이전

배추잎은 깨끗하게 씻어 줄기부분은

살짝 두드려 준다

무는 채 썰어서 소금에 절였다가

물기제거후 부침유로 살짝 볶아둔다

채수에 밀가루 도토리가루 간장을 섞어

부침옷을 만든다

달군팬에 부침옷을 입힌 배추를

노릇하게 지진다

볶아둔 무를 지진 배추잎에 넣고

돌돌 말아 준다

도림 스님의 시그니처 레시피는 스님께서 출가 후 지금까지 음식을 만드시며 터득한
자신 만의 비법을 친필로 쓰신 것입니다.

Chapter 03

주지스님 시절

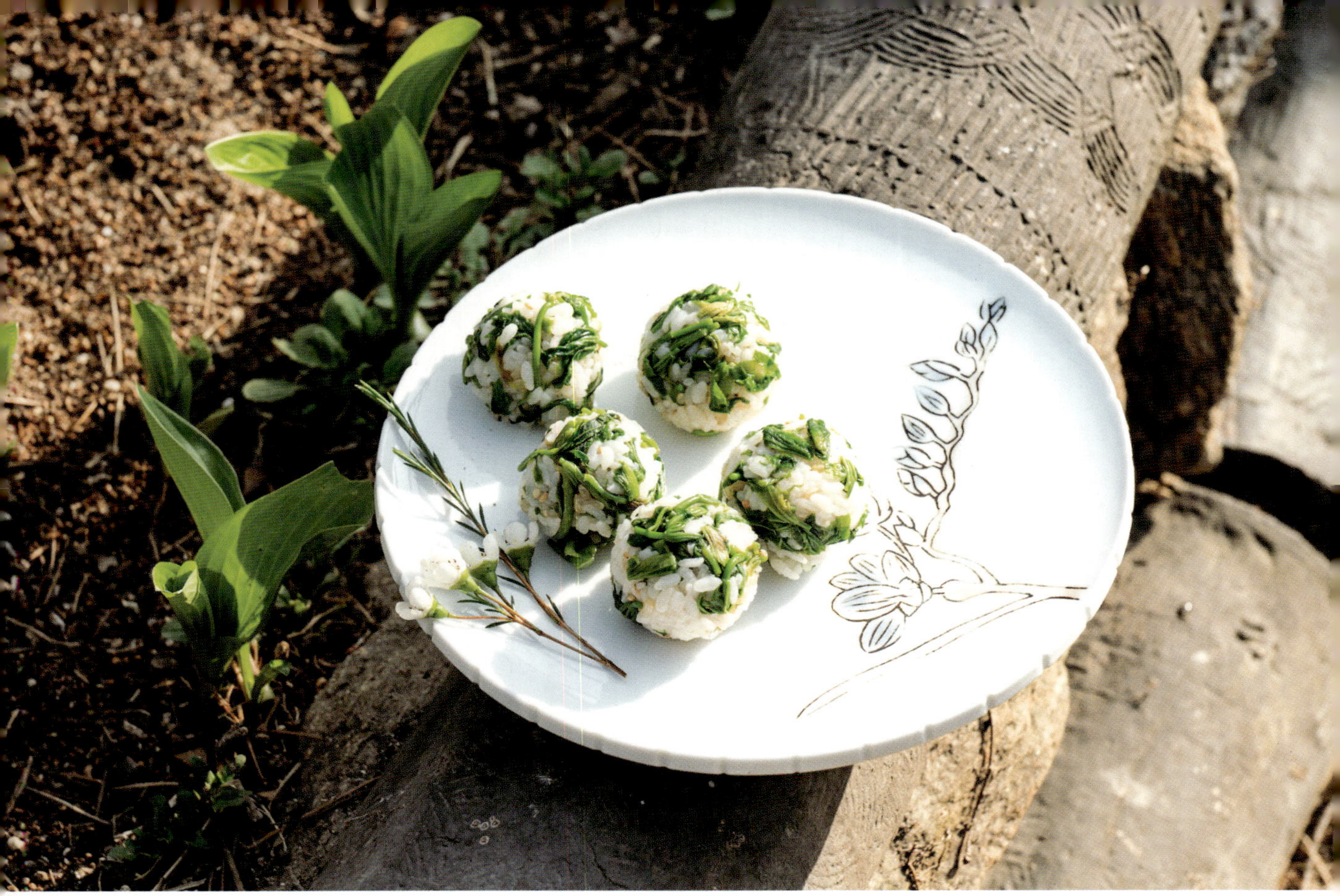

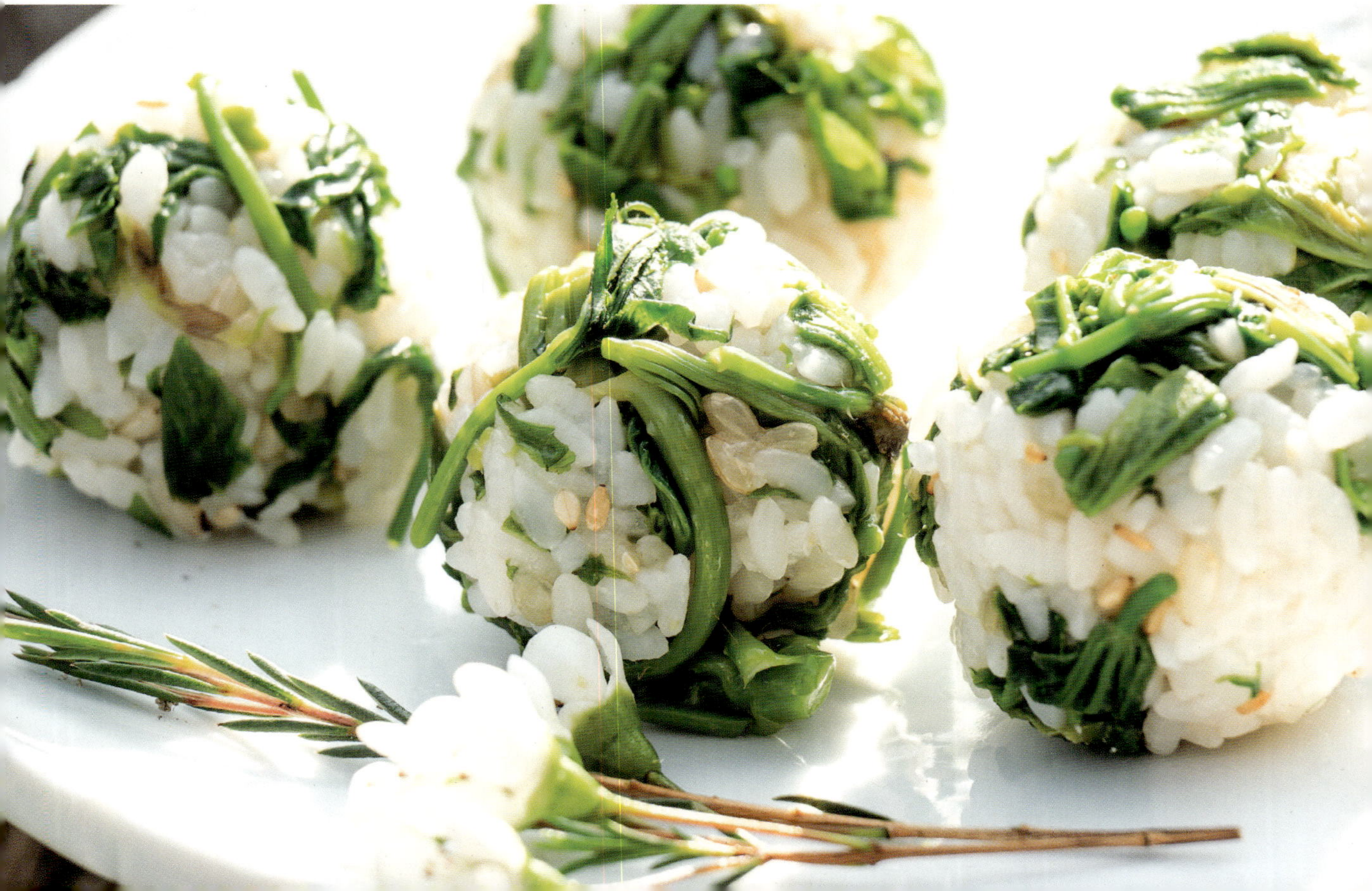

엄나물순 주먹밥

Eomnamusoon Jumeokbap

—

Kalopanax Shoot Riceballs

재료

엄나물순 100g
밥 2공기
참기름 2T

통깨 2T
소금 2T

만드는 법

---

1   엄나물순을 소금물에 데쳐서 물기를 짜준 뒤 잘게 다져 놓는다.

2   밥에 엄나물순, 참기름, 통깨, 소금을 넣어 섞고 주먹밥을 동그랗게 만들어 준다.

   봄나물 주먹밥은 나들이 도시락으로 활용해 보면 좋다.
취나물로 만들면 취나물 주먹밥이 된다. 각종 봄나물을 활용할 수 있다.

엄나물순 무침

Eomnamusoon Muchim

Kalopanax Shoot Salad

어린 엄나물순 200g   간장 2T
깨소금 2T   들기름 2T
소금

만드는 법

---

1   어린 엄나물순을 다듬어 소금물에 살짝 데쳐준 뒤
     차가운 물에 헹궈서 물기를 빼준다.

2   간장, 들기름, 깨소금을 넣고 무쳐주면 완성이다.

두릅튀김
Dureuptwigim

Deepfried Fatsia Shoot

재료

두릅 100g

밀가루 1/2C

찹쌀가루 1/2C

전분가루 1/2C

간장 2T

채수 1C

식용유 1L

만드는 법

1 두릅은 꽁지 제거 후에 통으로 씻어 물기를 제거해 둔다.

2 밀가루, 찹쌀가루, 전분가루, 간장을 채수와 섞어 반죽을 한 뒤
   두릅을 적셔서 달군 식용유에 노릇하게 두 번 튀겨준다.

  두릅은 짧고 나풀나풀한 것이 튀김에 좋다.
   튀김은 한 번만 튀기면 바삭하지 않고 기름도 머금고 있으니 꼭 두 번 튀겨 주도록 한다.

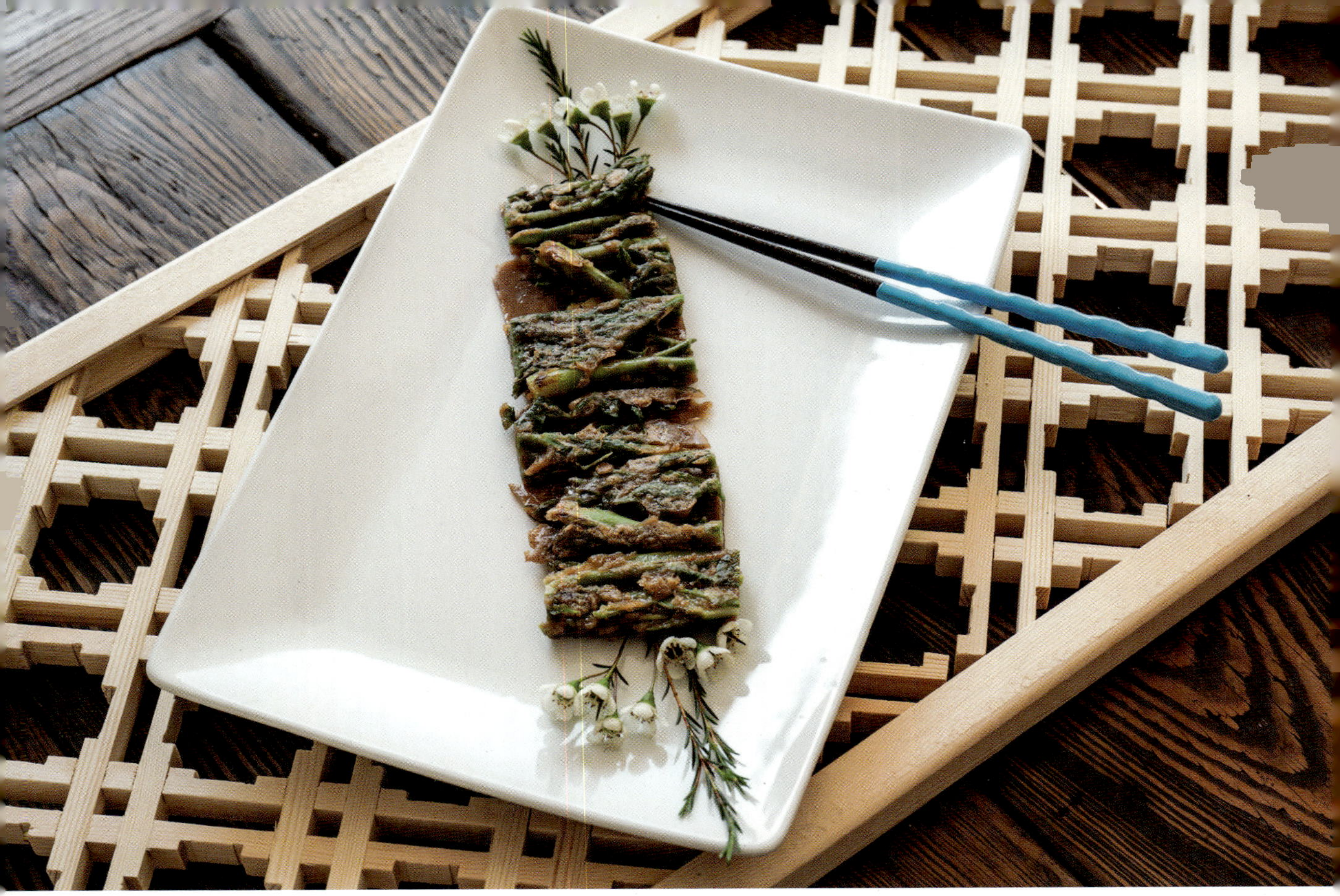

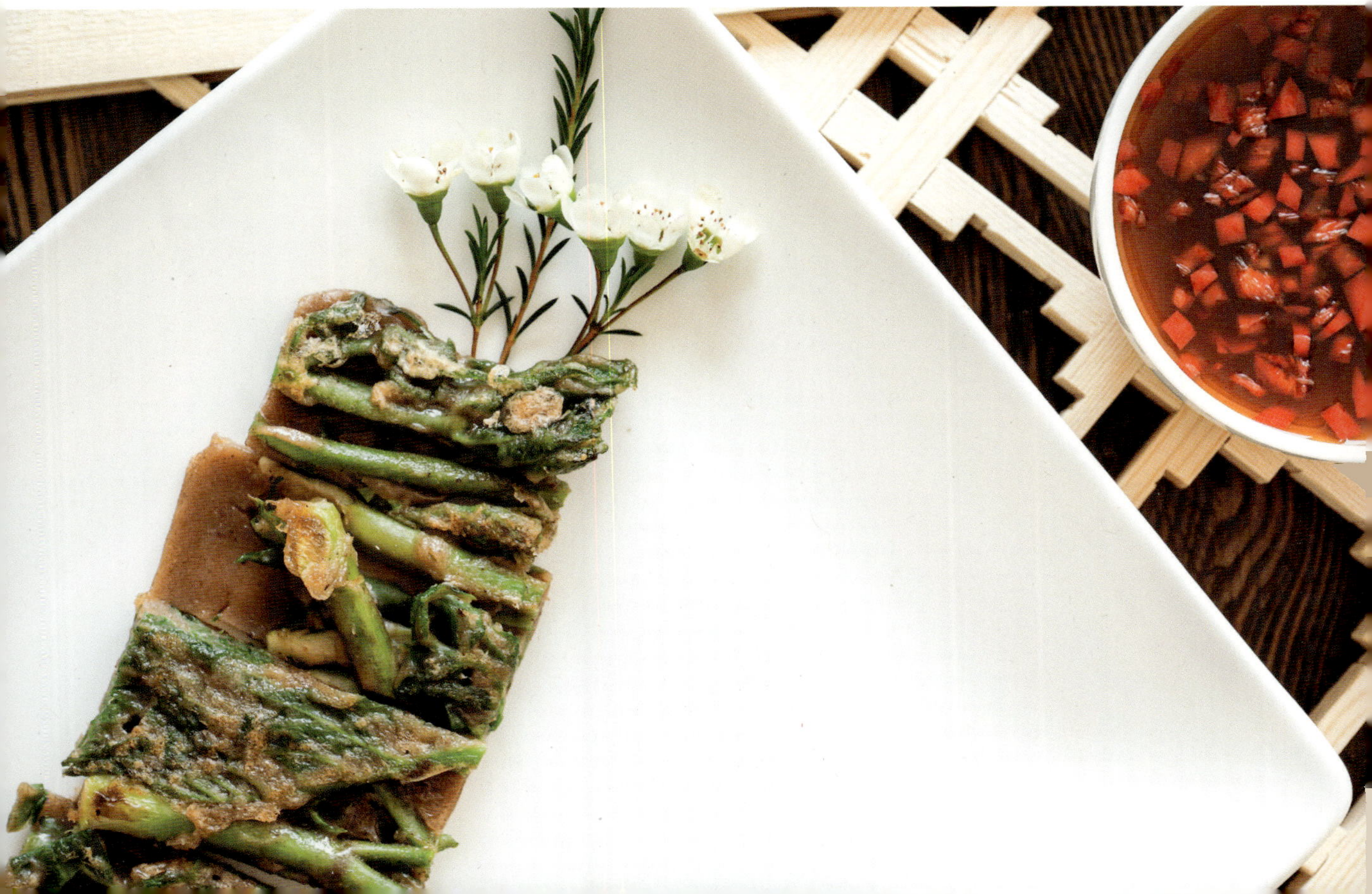

두릅전
Dureupjeon

Fatsia Shoot Pancake

───────── 재료 ─────────

두릅 100g   간장 2T
채수 2C   들기름 1/2C
밀가루 1C (도토리가루
를 섞으면 좋다.)

───────── 만드는 법 ─────────

1   생두릅을 깨끗이 손질해 지그재그로 찢어 둔다.

2   채수, 밀가루, 간장을 넣고 반죽을 해 두릅을 넣고 들기름에 전을 얇게 부친다.

두릅숙회
Dureupsukhoe
—

Parboiled Fatsia Shoot

두릅 200g
소금 1T
물 1L

양념장 재료
고추장 2T
식초 1T
매실청 1T

만드는 법

1   두릅은 짧고 통통한 것으로 준비한다.

2   꽁지를 자르고 끓는 소금물에 살짝 데쳐서 차가운 물에 재빨리 헹구어 준다.

3   고추장, 식초, 매실청을 넣고 초고추장을 만들어 두릅과 함께 낸다.

원추리 전병
Wonchuri Jeonbyeong

Daylily Crepe

재료

어린 원추리 20장   치자가루 1T

밀가루 1C   식용유 10T

채수 1C   소금 2T

전분가루 1/2C   참기름 1T

백년초가루 1T   깨소금 1T

연잎가루 1T   간장 1T

만드는 법

1   원추리는 소금물에 살짝 삶아 헹구어 물기를 제거하고
     간장, 참기름, 깨소금에 무쳐 놓는다.

2   채수에 밀가루를 넣고 반죽을 묽게 해서 3등분 해둔다.

3   백년초가루, 연잎가루, 치자가루로 삼색을 내준다.

4   팬에 식용유를 바른 뒤 키친타올로 기름기를 제거해 준다.

5   큰 수저로 반죽을 한 수저씩 떠서 동그랗게 부쳐서 식혀준다.

6   동그란 끝에 양념한 원추리가 1cm 정도씩 끝이 보이도록 돌돌 말아준다.

  원추리가 없을 때는 아스파라거스를 사용하면 사계절 내내 쓸 수 있다.

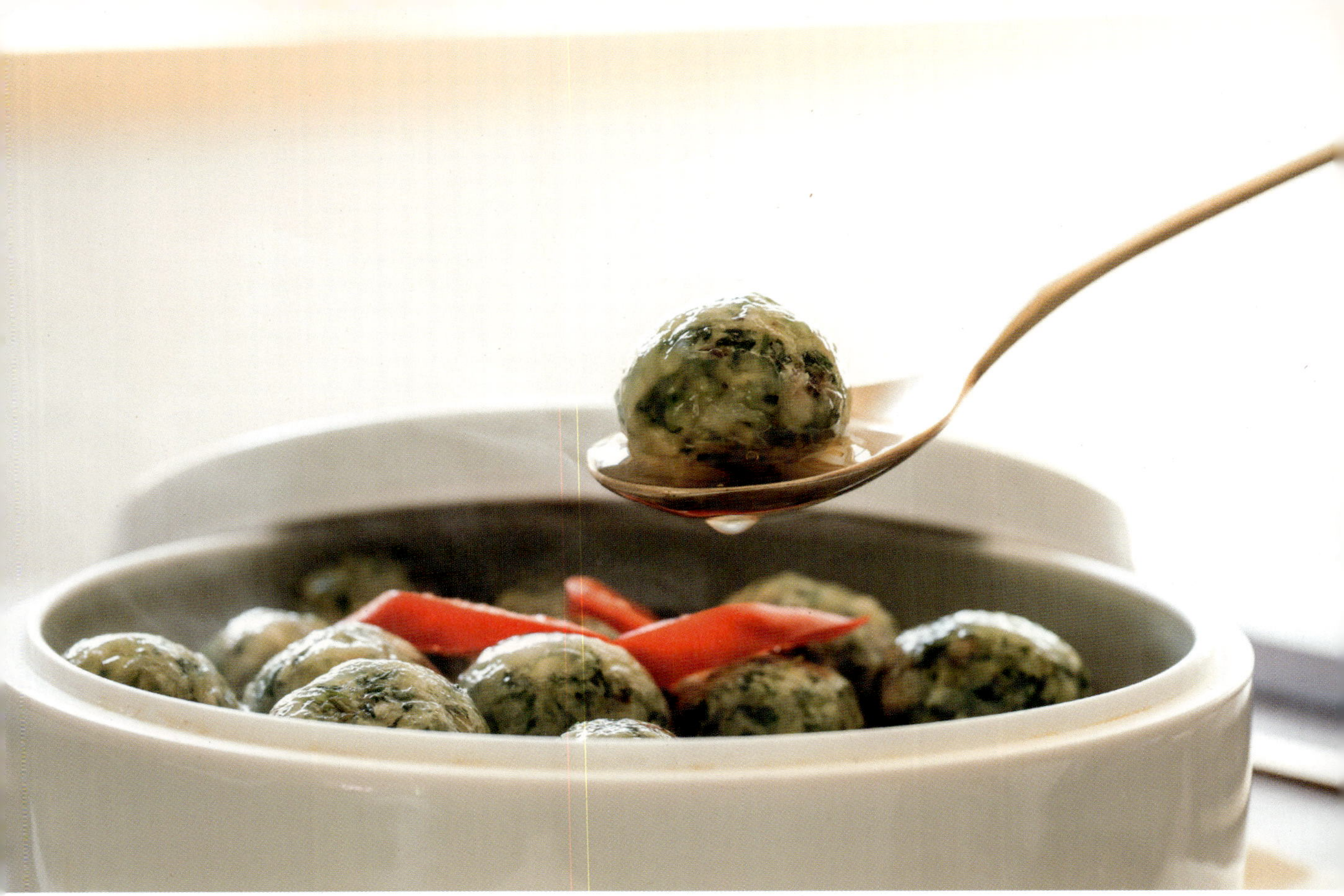
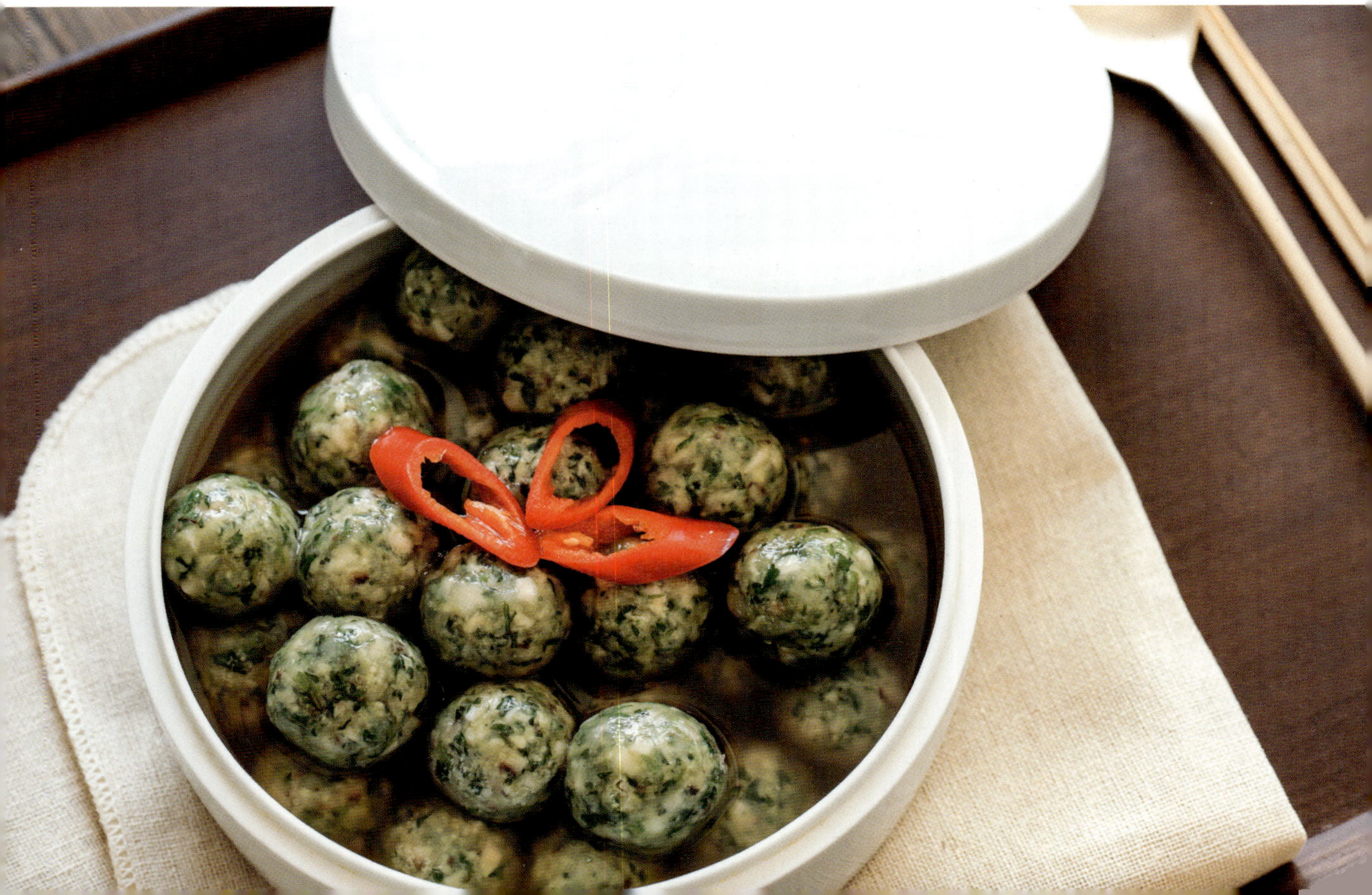

쑥애탕
Ssukaetang

Mugwort Balls Soup

재료

생쑥 100g 간장 3T
두부 1/2모 소금 1/2T
감자 2개 전분가루
생표고버섯 3개 후추
청고추 3개 참기름 1T
홍고추 1개 채수 6C

만드는 법
---

1 생쑥은 깨끗이 씻어 잘게 다져주고 두부는 베보자기에 물기를 짜 둔다.

2 감자는 갈아서 물기를 짠 건더기와 감자물을 가라앉힌 감자전분을 함께 사용한다.

3 표고버섯은 다져서 후추, 간장에 볶아주고 청고추도 다져준다.

4 생쑥, 두부, 감자, 감자전분, 후추, 소금, 참기름을 넣고 잘 치대서 경단을 만들어 전분가루에 굴려준다.

5 채수가 끓어오르면 경단을 넣는다.

6 경단이 익으면 홍고추를 어슷썰기해서 올리고 간장으로 간을 한다.

된장 비빔국수
Doenjang Bibimguksu

Soybean Paste Noodle

재료 ━━━

국수 4인분
각종 산야초(민들레, 돌나물,
쏨바귀, 참나물, 더덕순)
된장 2T
된장효소 2T
개복숭아효소 2T

간장 1T
들기름 4T
깨소금 2T
채수 1/2C

만드는 법 ━━━

1   국수는 삶아서 물기를 빼준다.
2   채수, 된장, 된장효소, 간장, 깨소금, 들기름, 개복숭아효소를 넣고 양념을 만든다.
3   국수, 각종 산야초를 듬뿍 넣고 양념장과 함께 버무려 준다.

도림 스님의 시그니쳐 레시피

된장 비빔국수

국수는 삶아서 물기를 빼어준다

여러가지 산야초을 씻어 물기 제거 한다

채수 된장 된장효소 간장 들기름

깨소금 깨복숭아 효소를 넣어

양렴을 만들어 준다

국수 산야초를 듬뿍넣고

양렴과 함께 버무려 준다

도림 스님의 시그니처 레시피는 스님께서 출가 후 지금까지 음식을 만드시며 터득한
자신 만의 비법을 친필로 쓰신 것입니다.

추운 땅속에서 눈을 뚫고 나온 초봄의 산야초.

건강한 승소국수를 준비하며

산야초와 된장효소를 넣어 만든 비빔국수.

겨우내 웅크리고 있다가 땅을 뚫고 나온

산야초의 기운이 느껴지는 국수 한 그릇.

다 같이 승소의 기쁨을 느꼈네.

신도가 큰 수술을 하여 병원에 입원해 있을 때

빠른 회복을 바라는 마음으로 냉이 연자죽을 쑤어 갔다.

입맛에 안 맞을 병원식 대신 입맛이 도는 보양식을 준비하고 싶어서였다.

꽃보다 음료수보다 귀한 냉이 연자죽.

겨울을 막 지낸 냉이는 또 얼마나 맛이 있는지.

회복을 바라는 마음으로 준비한 기억이 난다.

냉이 연자죽
Naengi Yeonjajuk

Shepherds PurseLotus Seed Porridge

재료

냉이 100g   채수 5C

연자 1C   소금

연자가루 1C

만드는 법

1   연자를 깨끗이 씻어 1시간 정도 불려준다.

2   불린 연자를 채수 3C에 넣고 삶아둔다.

3   차가운 채수 2C에 연자가루 1C을 풀어준다.

4   2, 3을 함께 한소끔 끓인 후 불을 끄고 냉이를 넣은 다음 소금으로 간을 한다.

 냉이가 너무 익지 않게 하는 것이 보기도 좋고 맛조 최상이다.

냉이 대신 두릅, 시금치, 취나물로 대채할 수 있다.

연근 노각 샐러드

Yeongeun Nogak Salad

—

Lotus Root Yellow Cucumber Salad

재료

연근 1개   파프리카
노각 1/2개   소금
오미자청 1C

만드는 법

1 연근은 0.2cm 두께로 썰어준다.

2 노각은 껍질을 벗겨서 속을 파내고 0.3cm 두께로 썰어서 소금에 살짝 절인 후 물기를 제거해 준다.

3 파프리카도 0.3cm 두께로 썰어준다.

4 오미자청에 소금으로 간을 해서 버무려서 내어 준다.

 여름 연근은 생으로 사용하고 가을 연근은 소금 1t을 넣은 물에 살짝 데쳐 준다. 노각을 오이로 대체할 수 있다.

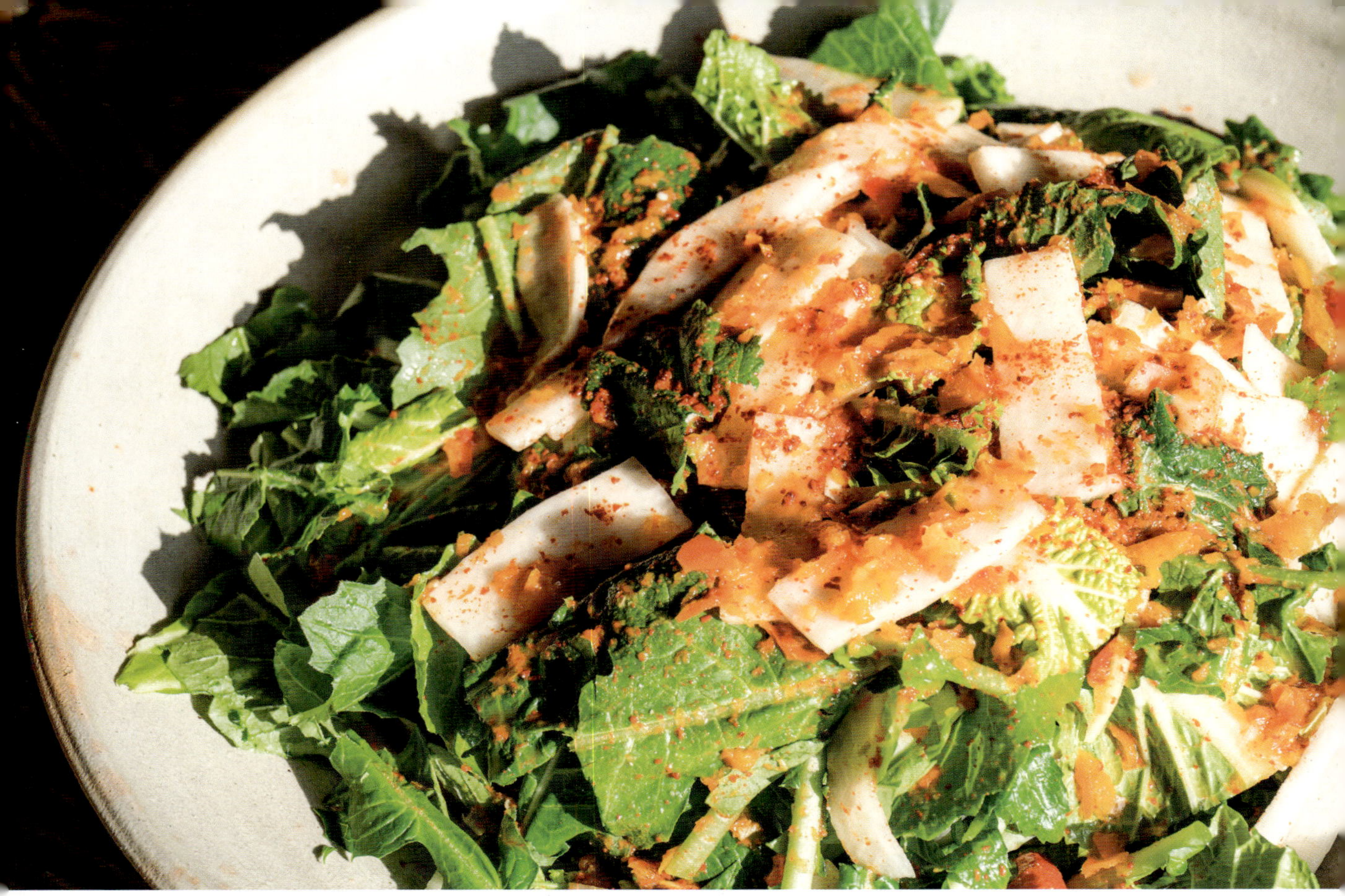
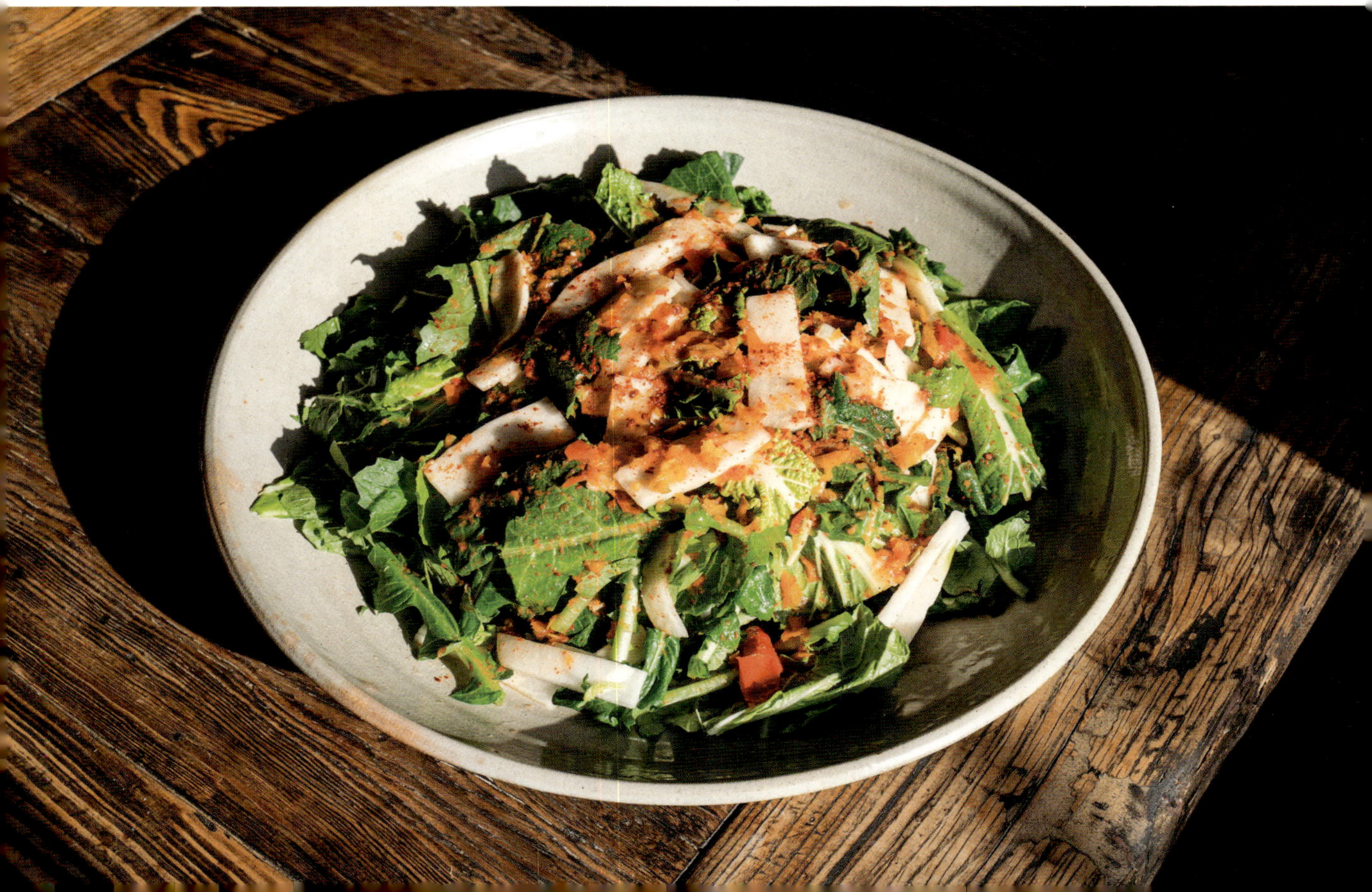

열무 얼갈이 김치
Yeolmu Eolgari Kimchi

Young Summer Radish and Winter Cabbage

재료

열무 1박스　　　　간장 2C
얼갈이 1박스　　　개복숭아효소 2C
채수 20L　　　　 소금 1C
무 2개　　　　　　고추씨 1C
고추가루 1C　　　 연근가루
홍고추 20개

만드는 법

1　열무, 얼갈이는 4등분으로 다듬어서 절이지 않고 깨끗이 씻어 둔다.

2　무도 씻어서 열무, 얼갈이와 비슷한 크기로 썰어서 소금에 절여 놓는다.

3　채수 1C에 연근가루를 풀어서 소금으로 간을 해서 연근죽을 쑤어 놓는다.

4　나머지 채수에 홍고추를 거칠게 갈아 넣고 연근죽, 간장, 개복숭아효소, 고춧가루를
　　넣고 김치 양념 국물을 만든다.

5　무를 통에 먼저 담고 얼갈이, 열무, 양념 국물, 무 순으로 차례로 담아준다.

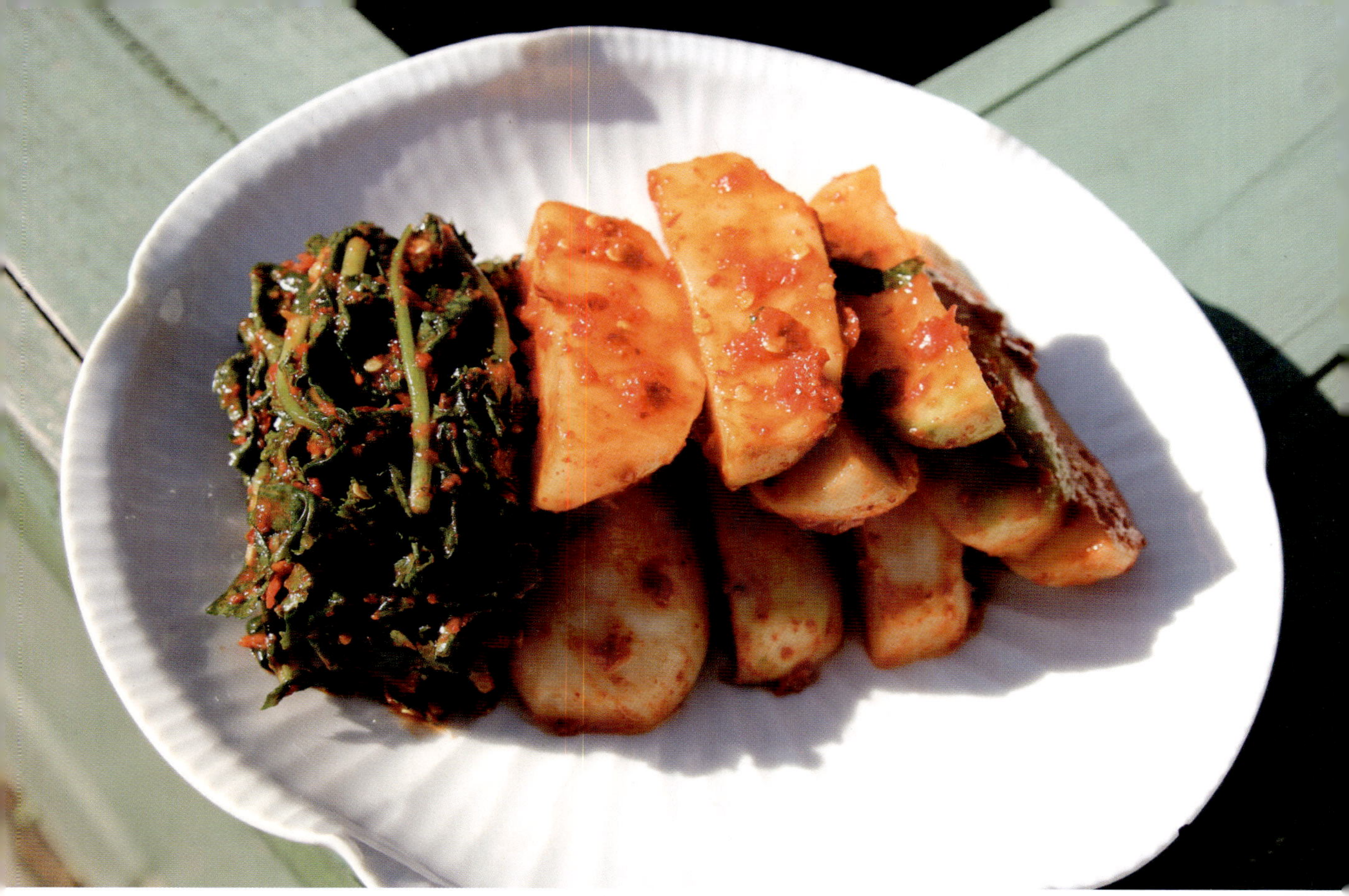

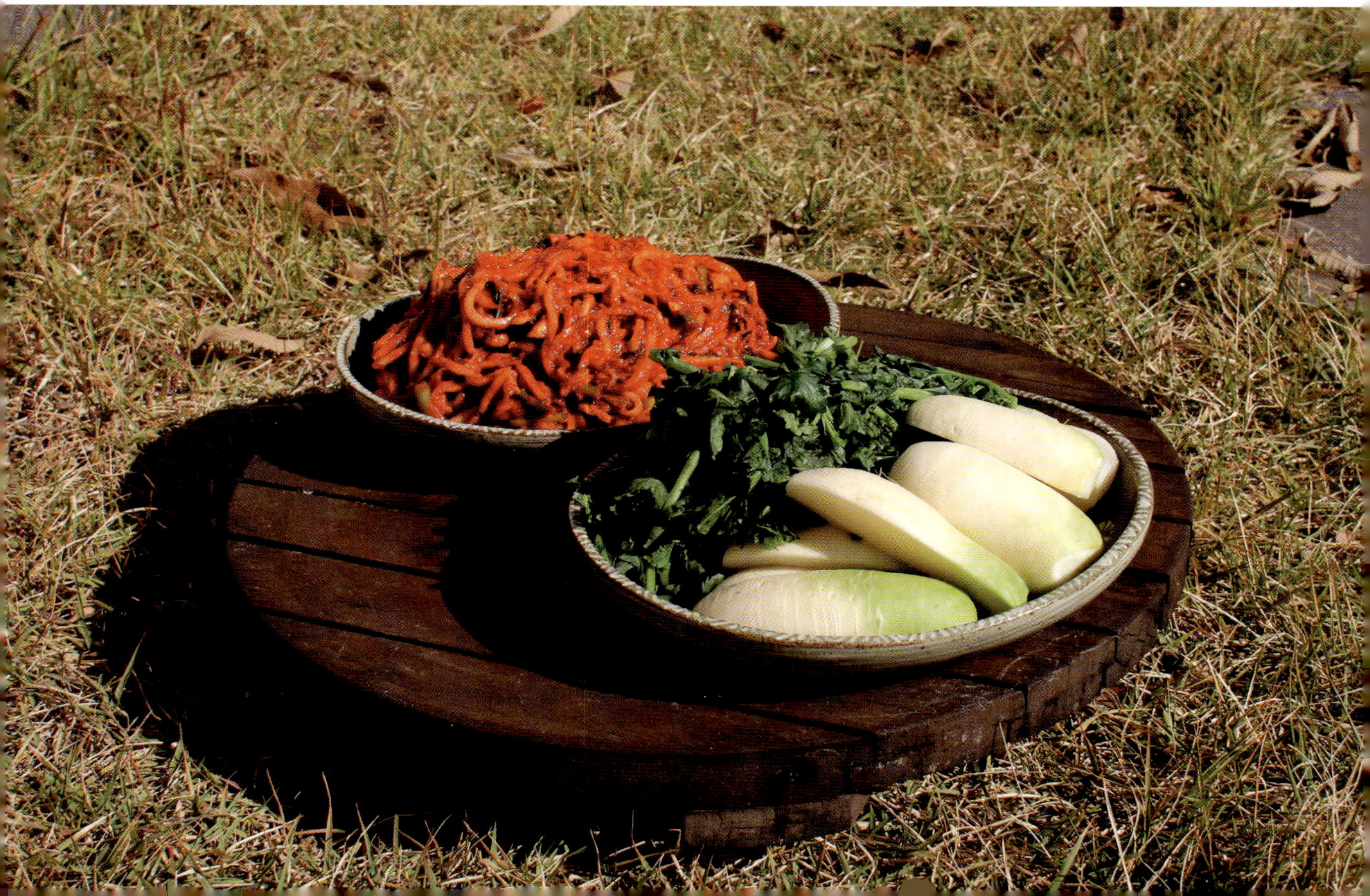

총각김치
Chonggakkimchi

Whole Radish Kimchi

재료

총각무(초록무) 2단   연근죽 1/2C
고춧가루 1C   현미찹쌀죽 1/2C
간장 1C   개복숭아효소 1C
소금 1C   생강가루 2T

만드는 법

---

1   총각무는 잘 다듬어 4등분으로 잘라서 소금물에 절인다.

2   1시간 정도 절인 무는 씻어서 물기를 제거해 둔다.

3   고춧가루, 간장, 연근죽, 현미찹쌀죽, 개복숭아효소, 생강가루를 넣고 양념을 해서
     물기 빠진 총각무와 잘 버무려 준다.

가지 고추장구이

Gaji gochujanggui

—

Grilled Red Chili Paste Eggplant

재료

가지 2개
고추장 2T
들기름 4T

조청 2T
다진 잣 4T
채수 3T

만드는 법
---

1   가지는 길게 반으로 갈라서 껍질 부분에 칼집을 내준 뒤 들기름에 양쪽면을
    노릇하게 구워준다.

2   가지를 구운 팬에 고추장, 들기름, 조청, 채수를 넣고 구운 가지를 한 번 더 양념이
    배이게 구워준다.

3   다진 잣을 가지 위에 뿌려주면 완성이다.

가지 간장구이

Gaji Ganjanggui

—

Grilled Soy Sauce Eggplant

─────────────── 재료 ───────────────

가지 2개　　　　　조청 2T

조선간장 2T　　　다진 잣 4T

들기름 4T　　　　채수 3T

─────────────── 만드는 법 ───────────────

1　　가지를 길게 반으로 잘라 껍질 부분에 칼집을 내주고 뒤 반대 방향에도 한번 더
　　칼집을 내준 뒤 들기름에 노릇하게 양쪽면을 다 구워 준다.

2　　가지를 구운 팬에 조선간장, 들기름, 조청, 채수를 넣고 구운 가지를 넣어 양념이
　　배이도록 졸여준다.

3　　다진 잣을 졸여준 가지 위에 넉넉히 뿌려준다.

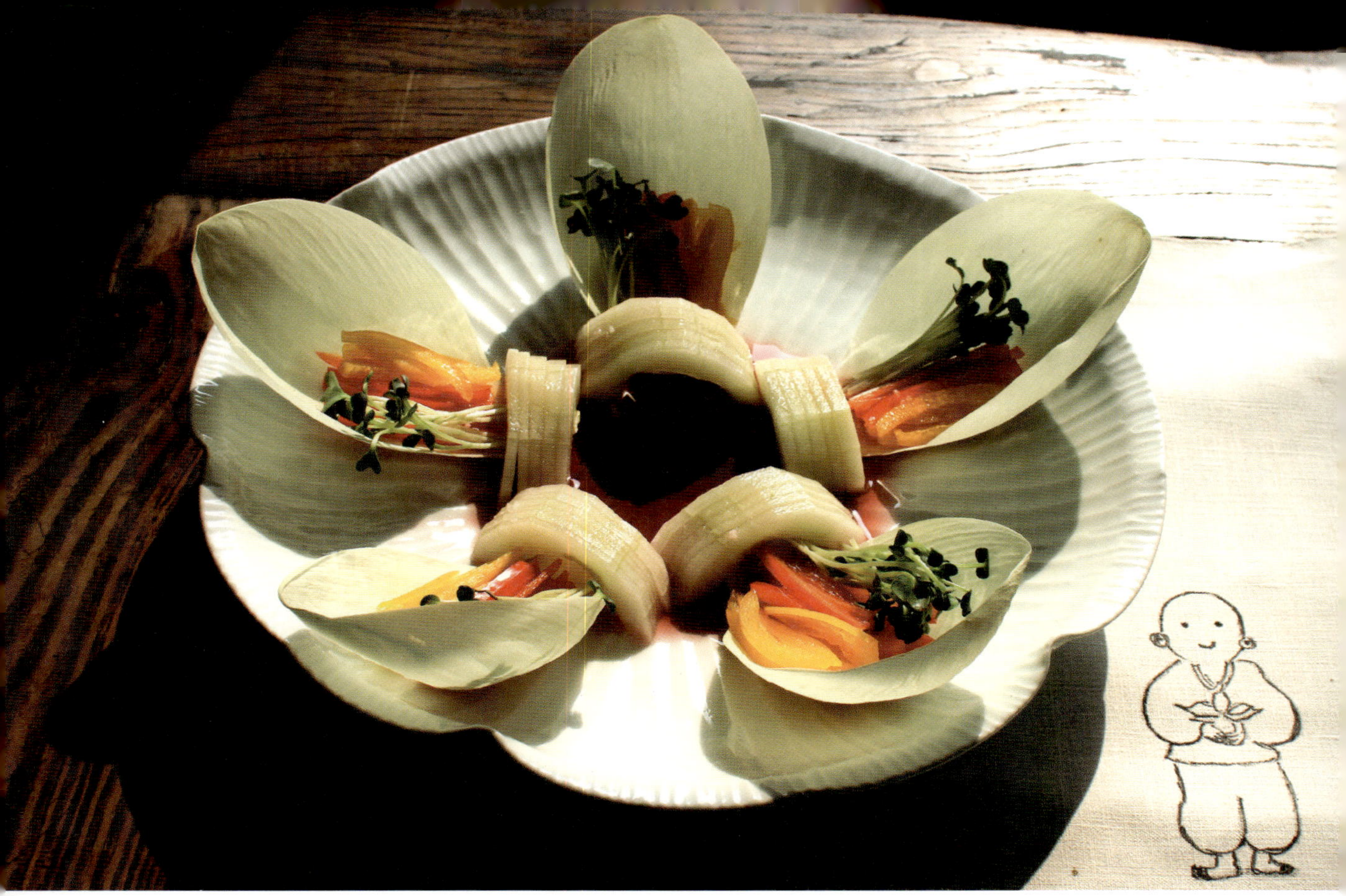

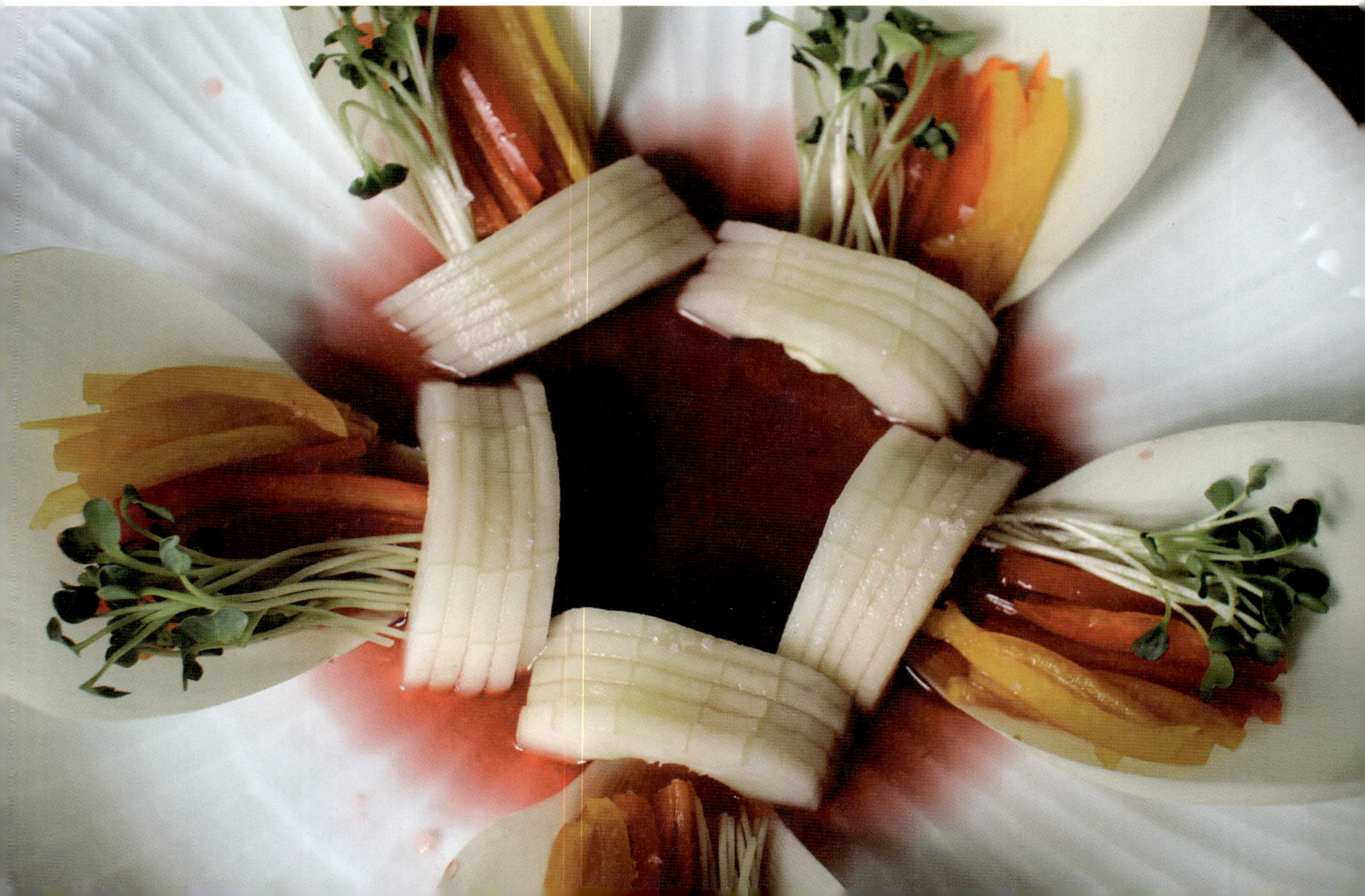

연꽃 오미자 샐러드
Yeonkkot Omija Salad

Lotus Flower Schisandra Salad

재료

연꽃 1송이   노각
무순   오미자청
홍파프리카   소금
황파프리카

만드는 법

1 연꽃잎은 떼어서 씻어준다.

2 무순은 씻어서 물기를 제거해 둔다.

3 홍파프리카, 황파프리카는 씻어서 채를 썰어준다.

4 연꽃잎 위에 무순, 홍파프리카, 황파프리카와 얇게 썬 노각을 예쁘도록 가지런하게 올려준다.

5 소금으로 간을 한 오미자청을 마지막에 뿌려준다.

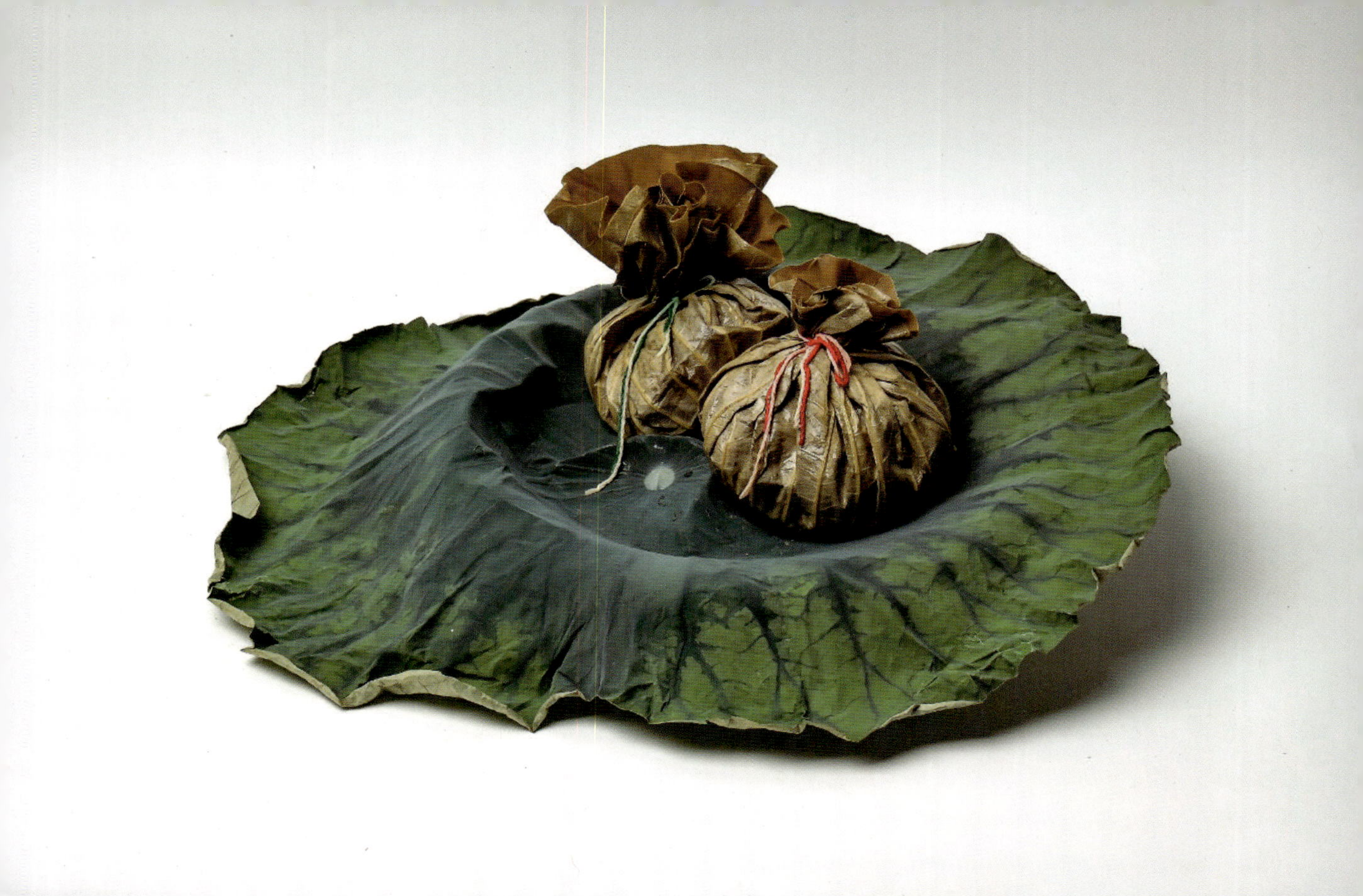

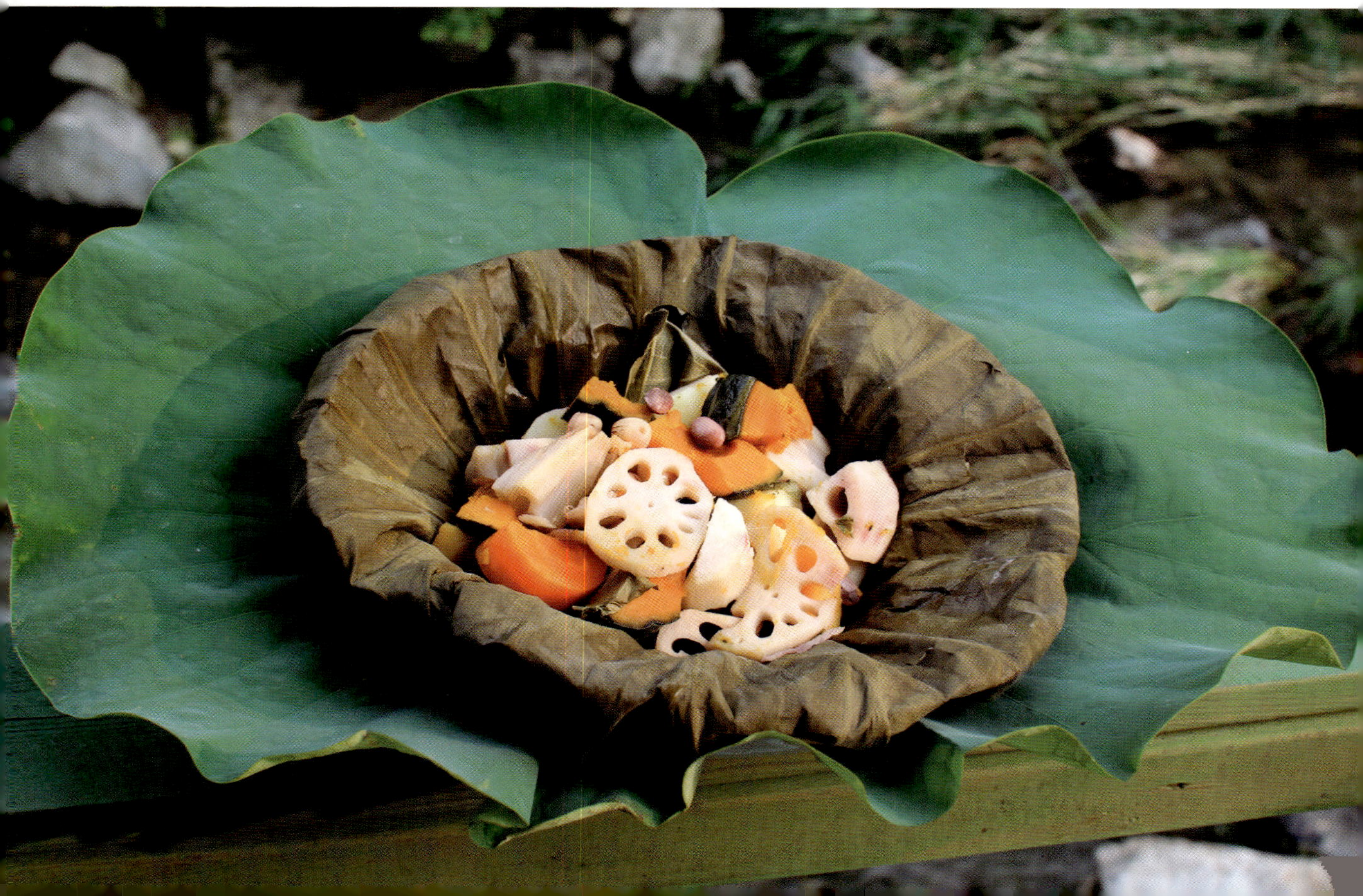

연잎 복주머니

Yeonnip Bokjumeoni

Lotus Leaf Wraps

―――――――― 재료 ――――――――

연잎 7장	마 1개
연근 1개	감자 1개
연자 1C	당근 1개
생콩 1C	밤 10개
고구마 1개	소금 1/2T

―――――――― 만드는 법 ――――――――

1   연근, 고구마, 마, 감자, 당근은 0.2cm 크기로 깍둑썰기 한다.

2   연자, 생콩, 밤, 소금을 넣고 버무려 준 후 연잎에 싸서 오색실로 묶어준 뒤 20분간 쪄준다.

연잎밥
Yeonnipbap

Lotus Leaf Rice

재료

연잎 10장
찐 쌀밥 2공기
찐 찹쌀밥 2공기
연자 1C
생콩 1C

잣 1C
연근 2개
소금 1T
물 1C

만드는 법

1 생연근은 껍질 제거 후 씻어서 0.5cm 두께로 썰어준다.

2 찐 맵쌀밥, 찐 찹쌀밥, 연자, 생콩, 잣, 연근을 넣고 소금간을 해서 잘 버무려 준다.
이때 물을 1C 정도 넣어서 밥알을 잘 풀어준다.

3 연잎 한 장에 섞어준 재료를 1C 정도 넣고 예쁘게 접어준 후 30분 정도 찜기에
푹 쪄준다.

연자밥

Yeonjabap

Lotus Seed Rice

--- 재료 ---

연자 1/2C   물 2C

불린쌀 2C

--- 만드는 법 ---

1   쌀을 깨끗이 씻어 물에 30분 정도 불린다.

2   연자는 살짝 씻어 30분 불린다.

3   연자와 쌀을 섞은 뒤에 센 불에서 끓이다가 약불로 10분 뜸을 들인다.

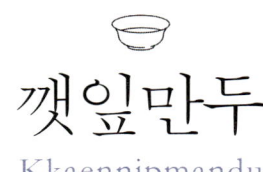

깻잎만두
Kkaennipmandu
—
Perilla Leaf Dumpling

재료

깻잎 40장

두부 2모

당근 1개

청고추 5개

표고버섯 10개

간장 1T

후추 1T

소금 1T

깨소금 2T

참기름 2T

들기름 3T

전분가루 1/2C

반죽 재료

밀가루 3C

채수 4C

간장 3T

만드는 법
---

1   깻잎은 씻어서 물기를 제거하고 두부는 물기를 꼭 짜서 살짝 볶아 둔다.

2   당근은 곱게 다져서 들기름에 소금으로 간을 해 볶아준다.

3   표고버섯은 다져서 들기름에 간장으로 간을 해 볶아준다.

4   청고추는 다져서 참기름에 깨소금과 섞어 둔다.

5   준비된 속재료를 모두 섞어서 깻잎에 넣어 반달 모양으로 만든다.

6   반달모양의 깻잎만두를 전분가루에 묻혀 둔다.

7   깻잎만두를 반죽에 묻혀서 들기름에 부친다.

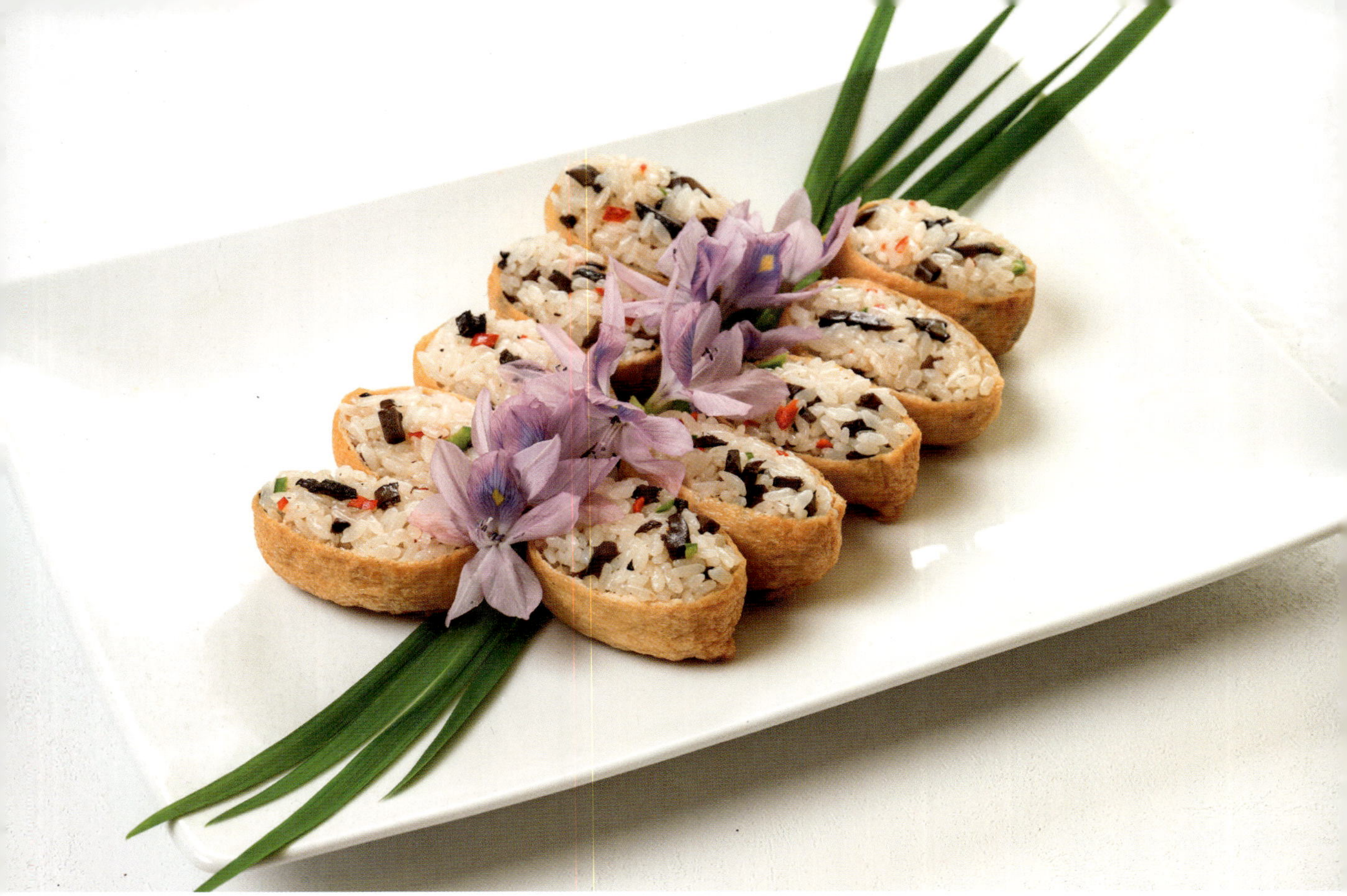
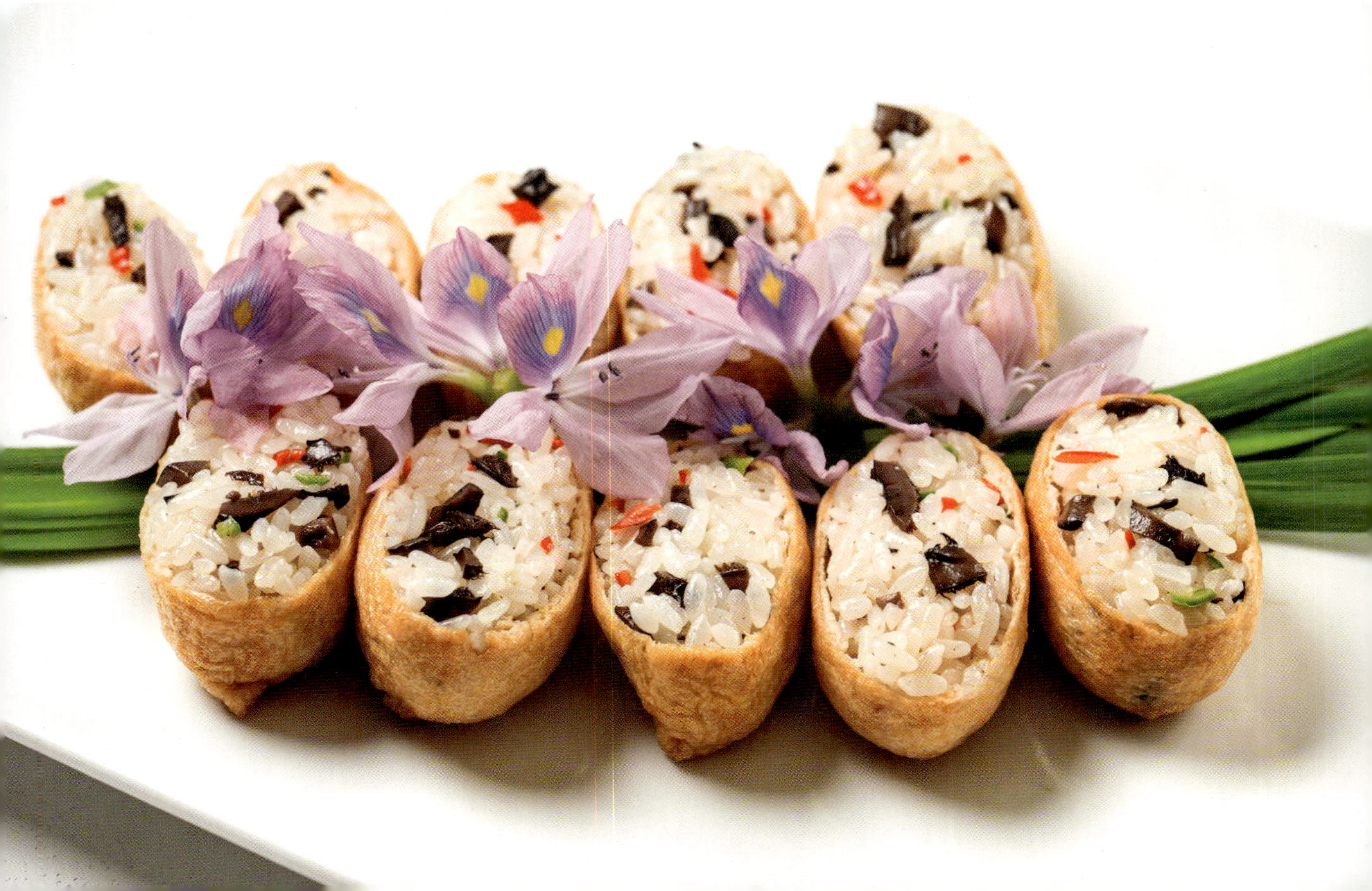

능이 유부초밥

Neungi Yubuchobap

Fried Bean Curd RiceBall with Neungi Mushroom

능이버섯 3개   참기름 1T

홍파프리카 1개   식초 3T

청고추 1개   설탕 3T

밥 3공기   채수 3T

유부 10장   소금

깨소금 1T

만드는 법

1   데친 능이버섯을 다져준다.

2   홍파프리카, 청고추를 다져준다.

3   밥에 식초, 설탕, 채수, 소금을 섞어 만든 배합초(식초단촛물)를 넣고 능이버섯,
　　　 홍파프리카, 청고추를 넣은 후 깨소금, 참기름과 함께 잘 섞어서 식혀 둔다.

4   유부는 데쳐서 끝부분을 잘라서 섞어 둔 밥을 꼭꼭 채워준다.

김장을 하고 남은 배추와 고추씨.

어떻게 할까 고민하였네.

채수와 연근가루, 효소를 넣어 맑게 담궈 보았네.

남녀노소 누구나 좋아하는 김치가 되었다네.

국수를 말아먹어도 어쩌나 맛이 있던지.

누구나 좋아하는 고추씨김치가 되었다네.

영양도 듬뿍 들어가 있는 국물도 버릴게 없는 김치라네.

고추씨김치

Gochussi Kimchi

Red Pepper Seed Kimchi

--- 재료 ---

배추 20kg   연근가루 1C

채수 18L   생강가루 4T

고추씨 2C   매실청 2C

간장 2C   개복숭아효소 2C

--- 만드는 법 ---

1 표고버섯, 무, 다시마를 우려 채수를 만들어 식혀 둔다.

2 채수에 고추씨, 간장, 연근가루, 생강가루, 매실청, 개복숭아효소를 넣어서
   잘 섞어준다.

3 배추를 통에 넣고 양념물을 채워주면 된다.

무시루떡
Musirutteok

Radish Red Bean Rice Cake

재료

무 1개   물 3T
팥 1kg   소금
맵쌀가루 3C   설탕

만드는 법

1   팥은 둥근 모양이 살아 있도록 포슬하게 삶아서 빻아준다.

2   무는 굵게 채 썬다.

3   맵쌀가루에 설탕, 소금, 물을 섞어서 체에 한 번 내리고 무를 섞는다.

4   틀에 팥을 깔고 그 위에 무를 섞어 둔 쌀가루를 깔고 켜켜이 쌓아 모양을 만든다.

5   찜기에 30분 정도 찌고, 젓가락으로 가운데를 찔러서 하얀 쌀가루가 묻어 나오지
        않으면 10분 정도 약불에 뜸을 들여주면 완성이다.

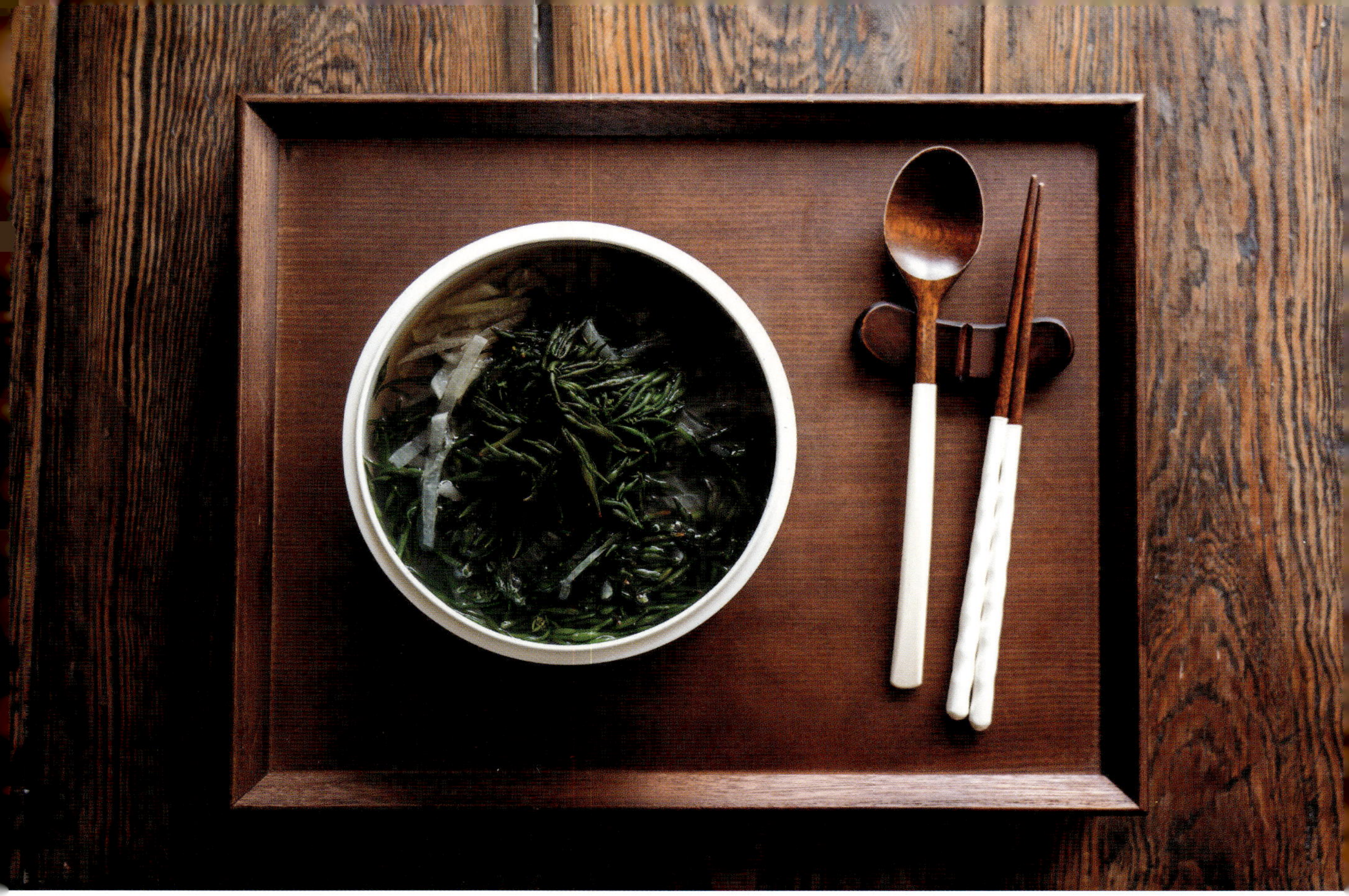

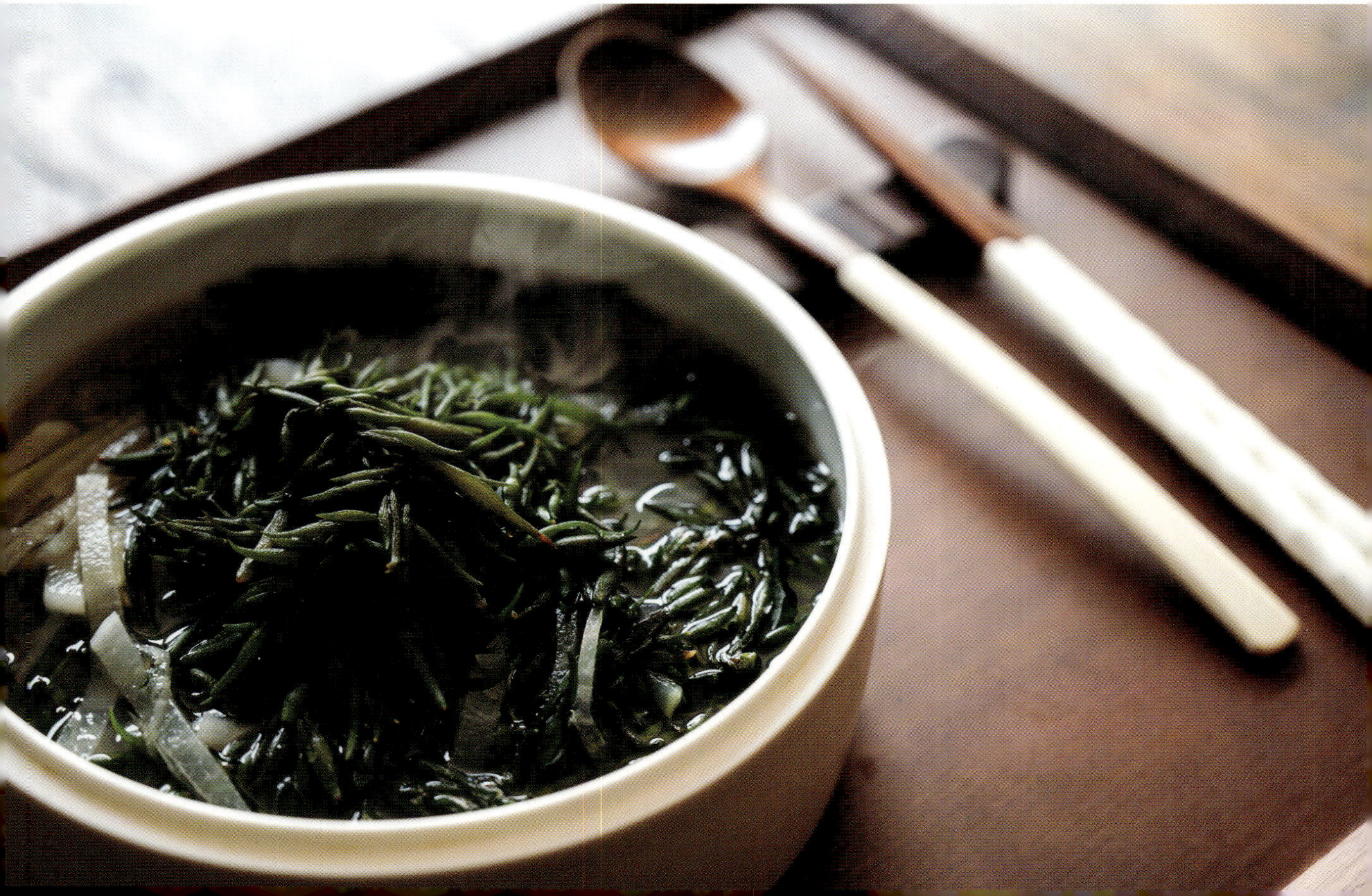

톳국
Totguk
—
Tot Soup

재료

톳나물 100g   채수 5C

무 1/4개   간장 1T

만드는 법
---

1   톳나물을 잘 씻어서 물기 제거 후 썰어준다.

2   무는 채 썰어서 채수를 넣고 끓여준다.

3   톳을 넣고 한소끔 더 끓여준 후 간장으로 간을 한다.

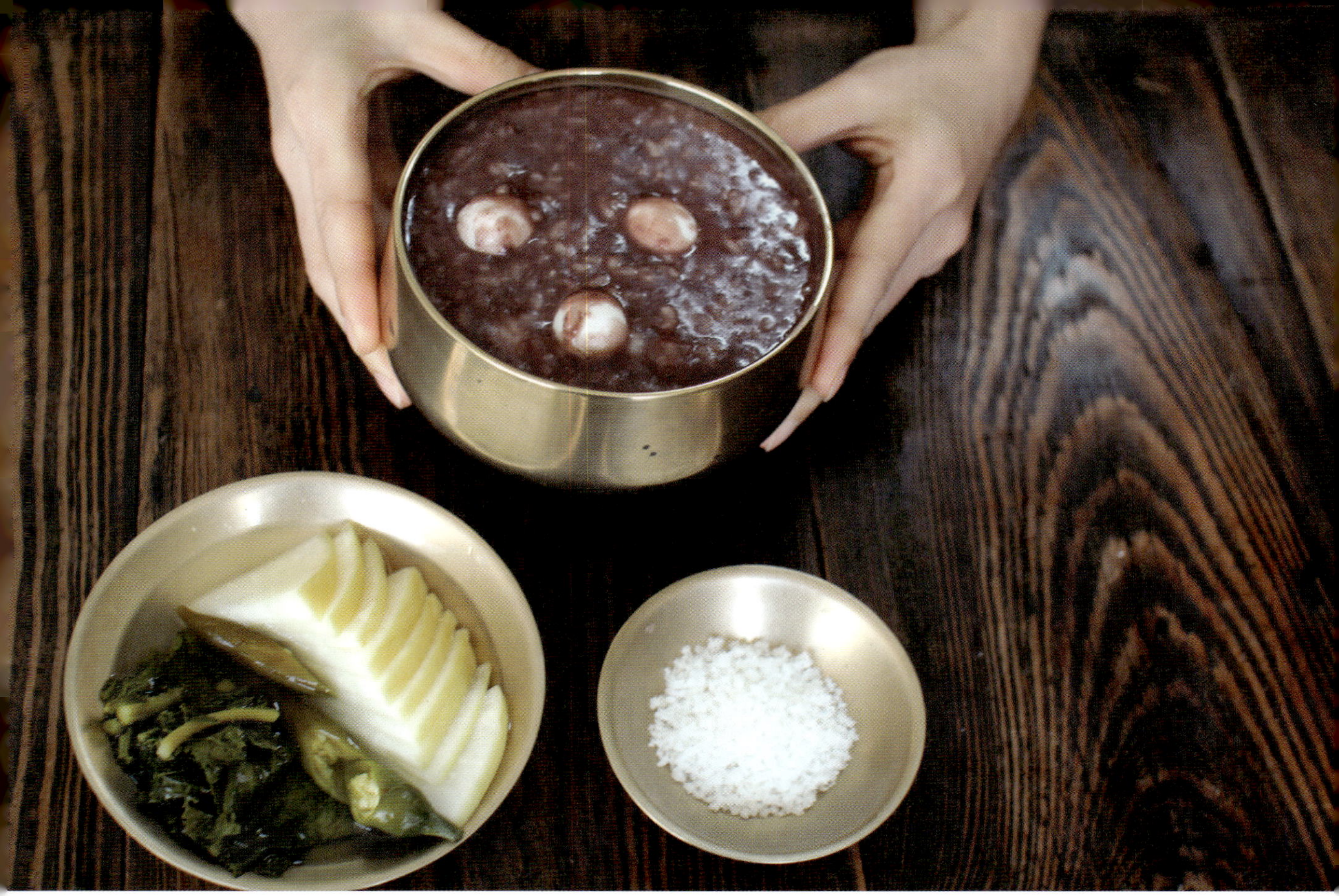
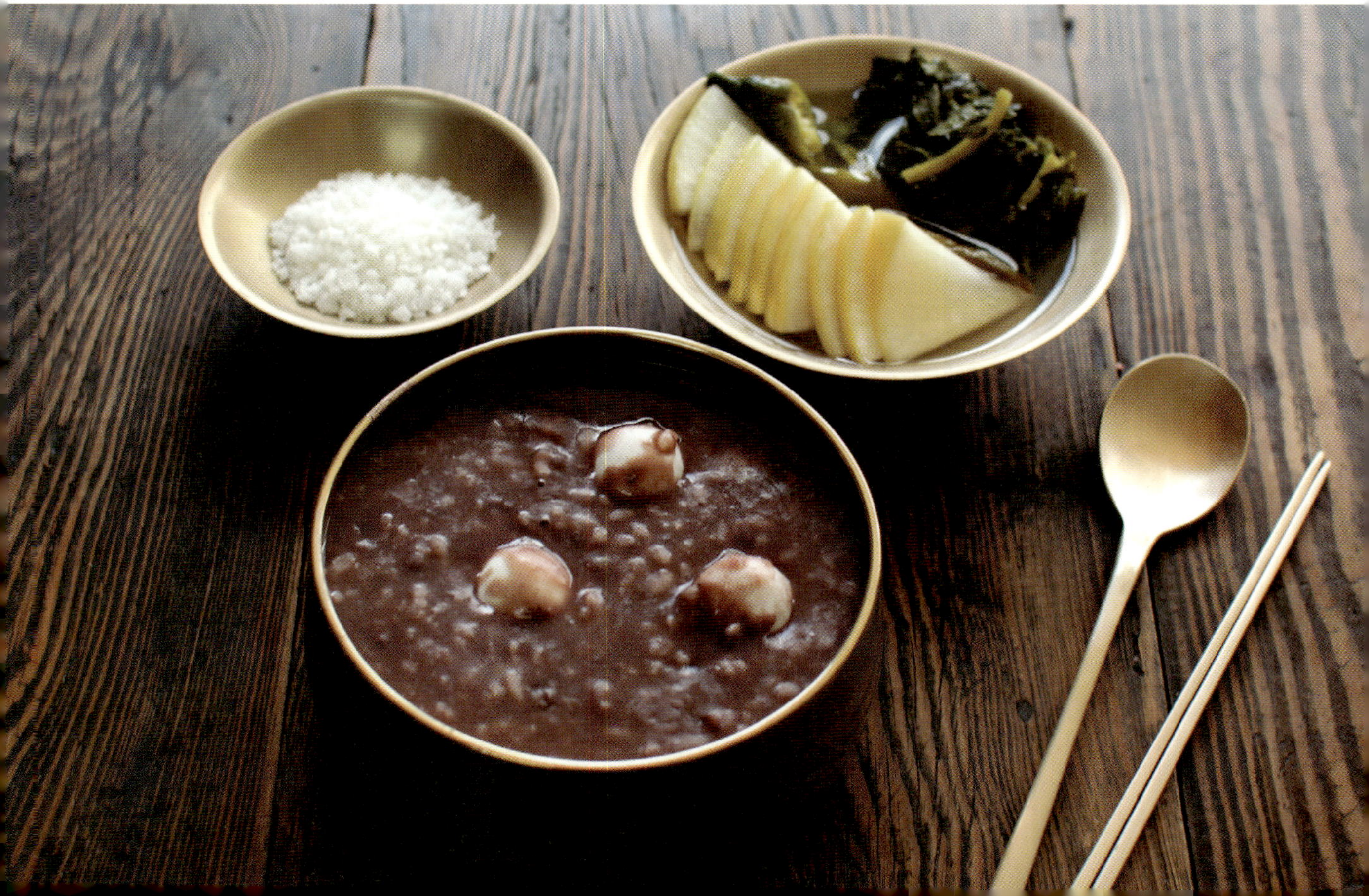

동지팥죽
Dongjipatjuk

Red Bean Porridge

재료

팥 1kg
찹쌀가루 2C

맵쌀가루 1C
소금 1T

만드는 법

1 팥은 깨끗이 씻어서 한 번 끓여주고 물을 따라 버린다.

2 물을 다시 채워주고 끓이면서 중간에 한 번씩 차가운 물을 부어준다.

3 잘 삶아진 팥을 체에 한 번 걸러준다.

4 팥 앙금과 팥물로 죽을 쑤어 둔다.

5 찹쌀가루, 맵쌀가루, 소금을 넣고 익반죽으로 옹심이를 만든다.

6 팥죽에 옹심이를 넣고 익어서 뜰 때까지 타지 않게 저어주면서 끓인다.

7가지 나물

7Namul

7Kinds of Seasoned Vegetable Salad

재료

다래순 100g

고구마순 100g

우거지나물 100g

취나물 100g

고사리 100g

호박나물 100g

피마자나물 100g

채수 7C

간장 3C

깨소금 3C

들기름 또는 참기름 1병

만드는 법
---

1 나물은 하루 전에 충분히 불려서 잘 삶아준다.

   (삶은 나물을 사용할 경우 잘 씻어서 사용한다.)

2 볶음 팬에 나물 한 종류, 채수 1C, 들기름 또는 참기름 1/2C, 간장 1/2C을 넣고
   뚜껑을 닫고 끓으면 지지듯이 볶아주면 된다.

3 다 볶아지면 깨소금을 위에 뿌려주고 마무리하면 된다.

 모든 제철 나물도 위와 같은 방법으로 볶아주면 맛난 나물이 된다.

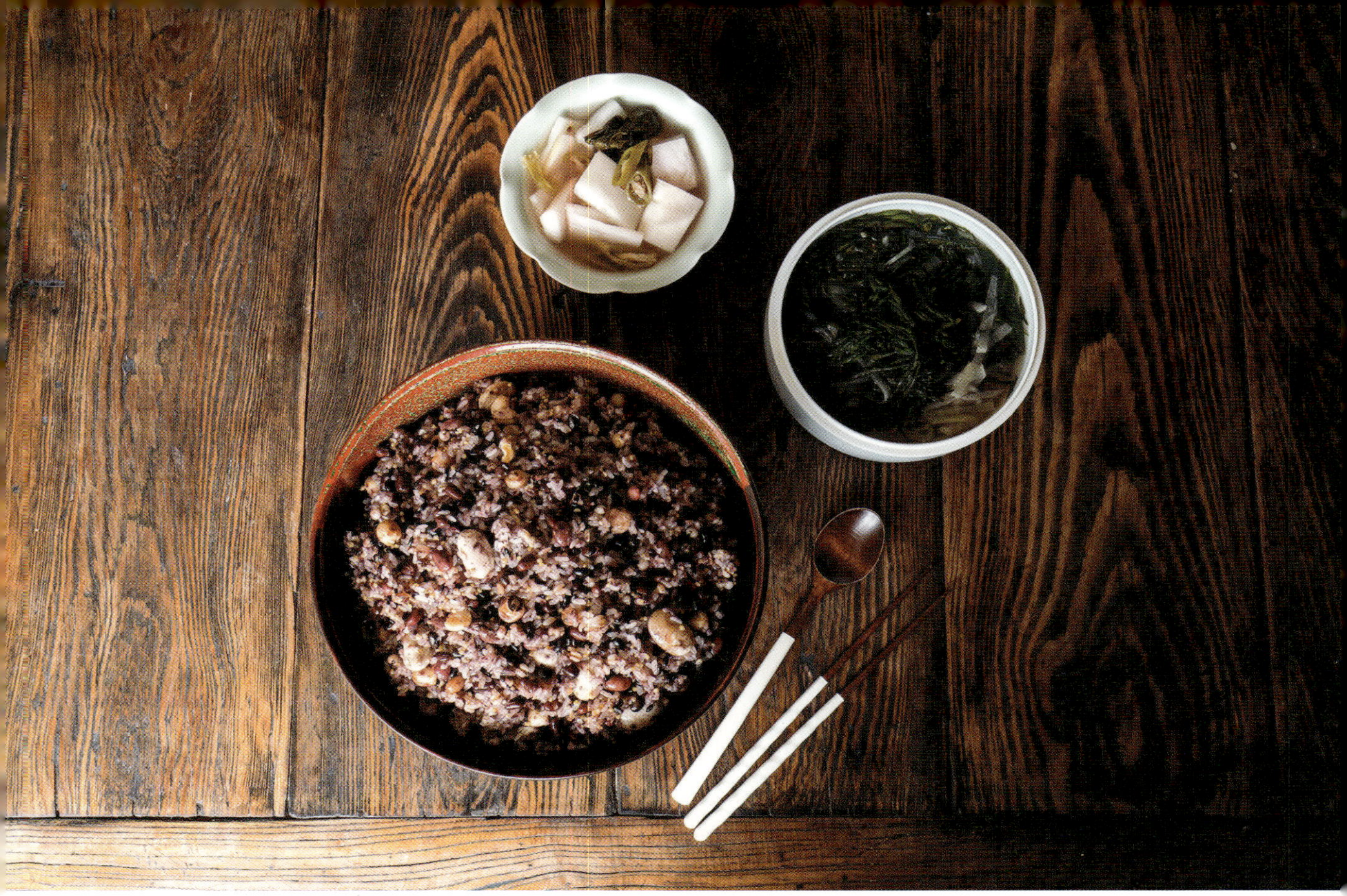

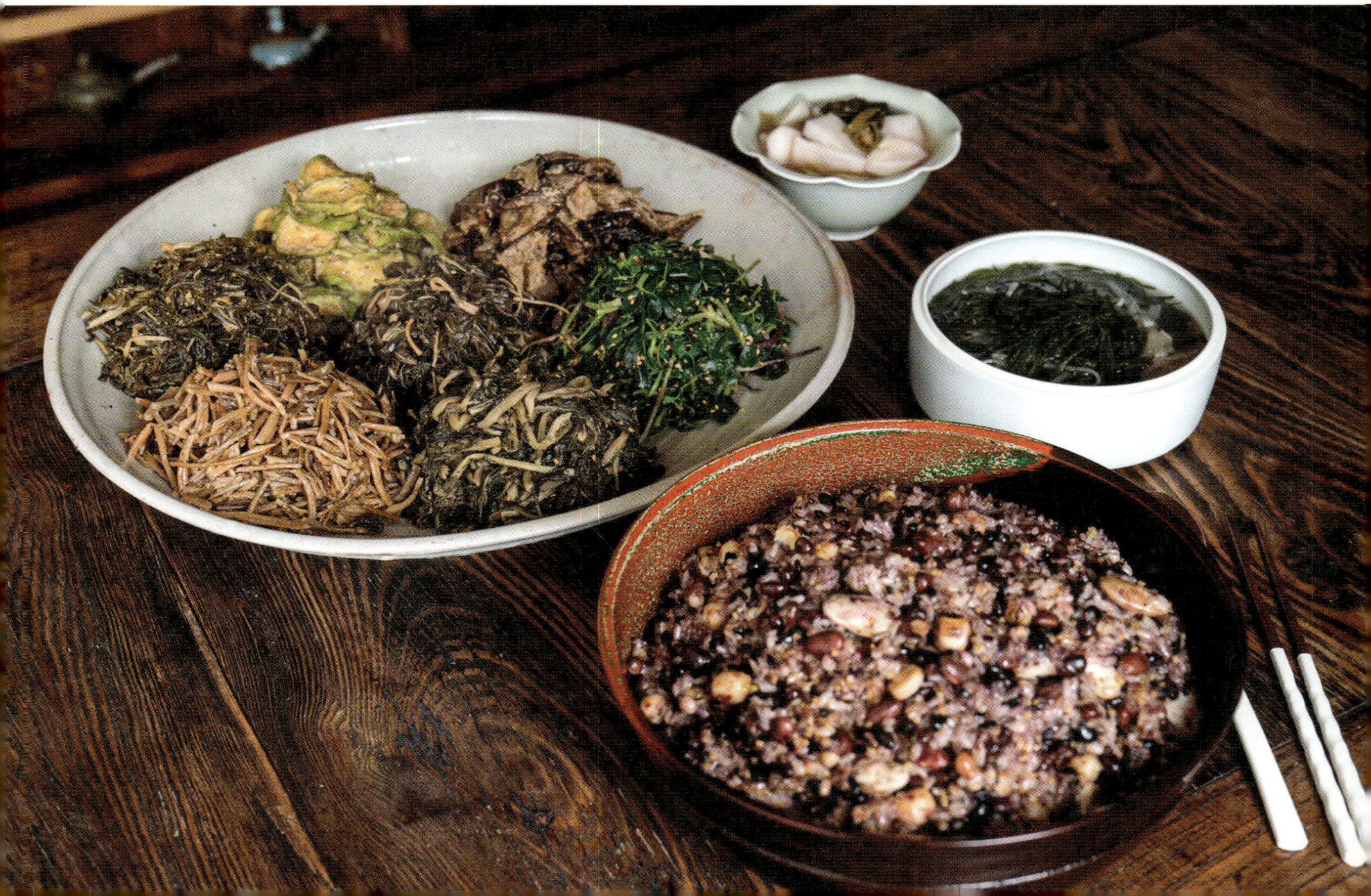

정월 오곡밥
Ogokbap

Steamed Five Grain Rice

재료

찹쌀   차조

연자   메조

팥   검정콩

붉은콩 3가지   소금

수수

만드는 법

1   모든 재료는 각각 하루 전에 불려 놓는다.

2   찜기에 골고루 섞어서 소금 간을 한다.

3   뚜껑을 닫고 1시간 가량 푹 쪄준다.

 오곡밥이지만 다른 여러 가지 잡곡을 사용해도 된다.

Chapter 04

도림스님의
장류, 청류, 채수

고로쇠 간장·된장

Gorosoe Ganjang·Doenjang

Mono Maple Soy Sauce · Soybean Paste

재료

메주 1말(5장)

고로쇠물 54L

소금 10.8kg

고추 3개

숯 2개

만드는 법

---

1   메주는 깨끗이 씻어서 물기를 제거한다.

2   고로쇠물에 소금을 베보자기에 걸러 녹여준다.

3   메주를 항아리에 담고 고로쇠 소금물을 그 위에 부어준다.

4   고추, 숯 덩어리를 올려주고 항아리를 잘 덮어서 60일간 발효가 되면 간장, 된장을
분리해서 보관한다.

    된장은 최소 40~50일, 간장은 60일 정도 발효시켜야 좋은 장이 된다.
메주를 큰 베보자기에 넣어서 담그면 좋다.

찹쌀고추장
Chapssal Gochujang

Sweet Rice Red Chili Paste

─── 재료 ───

고운 고추가루 4kg   천일염 2kg

메주가루 2kg   물 6L

찹쌀가루 2kg   집간장 1L

조청 4L   소주 2병

─── 만드는 법 ───

1   물, 천일염, 집간장, 조청, 찹쌀가루를 넣고 묽게 끓여서 잠시 식혀 둔다.

2   식기 전에 고춧가루, 메줏가루, 소주를 넣고 잘 섞어서 항아리에 담아둔다.

쌈장
Ssamjang

—

Red Chili and Soybean paste

—————————————— 재료 ——————————————

통밀   조청
메주콩   소금
고추가루

—————————————— 만드는 법 ——————————————

1   통밀을 쪄서 메주콩 삶은 것과 함께 메주를 만들어 발효시킨 다음 가루로 빻는다.

2   거칠게 빻은 고춧가루, 조청을 섞어 소금 간을 한다.

채수
Chaesu

Vegetable Broth

──────────────────── 재료 ────────────────────

무   고추
다시마   배추
표고버섯

──────────────────── 만드는 법 ────────────────────

1   충분한 물을 부어 재료들을 푹 우려낸다.

2   채수를 끓인 다음 다시마는 쓴맛이 날 수 있으니 꼭 건져 두어야 한다.

 영양과 깊은 맛을 위해 요리에 냉수보다는 채수를 사용하는 것을 권장한다.

채수에 들어가는 재료는 각 요리마다 달라질 수 있고 상황에 따라 달리 사용할 수 있다.

오미자청
Omijacheong
—

Schisandra Berry Syrup

───────────── 재료 ─────────────

오미자 10kg
흰설탕 10kg

───────────── 만드는 법 ─────────────

1   오미자와 동량의 흰설탕을 넣고 담가 두었다가 100일 후에 청만 따라낸다.

2   거른 오미자에 식초나 소주를 부어서 한 번 더 사용한다.

오미자에 따라 씻지 않는 것이 좋다.
오미자청을 통에 담기도 하지만 유리병에 담그면 더 좋다.

다래청
Daraecheong

—

Kiwiberry Syrup

재료

다래 5kg
황설탕 5kg

만드는 법

---

1   다래를 깨끗이 씻어서 물기를 빼 준다.

2   유리병에 다래를 담고 설탕을 넣어준다.

설탕의 색은 취향대로 선택한다.

된장 매실청
Doenjang Maesilcheong

Soybean Paste and Plum Syrup

재료

매실 5kg   정종 1병
된장 1kg   설탕 3kg

만드는 법

1   매실을 씻어 물기 제거 후 된장, 정종, 설탕을 넣고 매실과 함께 버무려 준다.

2   100일 후 매실은 밑반찬으로 먹는다.

☞   된장 매실청은 오래 발효 될수록 좋다.

개복숭아효소
Geboksunga Hyoso

Chinese Wild Peach Syrup

--- 재료 ---

개복숭아 10kg
황설탕 10kg

--- 만드는 법 ---

1   개복숭아는 잔털이 많으므로 오래 문질러 씻은 후 물기를 제거해 둔다.

2   통에 개복숭아를 넣고 동량의 설탕을 그 위에 부어준다.

3   발효되는 과정에서 설탕을 한번씩 저어주어야 남은 설탕 없이 잘 만들어진
     개복숭아효소가 된다.

4   100일간 발효한다.

☞   개복숭아효소는 여름에 시원하게 타서 마시거나 김치 혹은 여러 가지 조림에
     사용해도 좋다.

Chapter 05

부처님오신날 저녁 공양
& 김장 나눔행사

부처님 오신 날

Buddhas Birthday

사찰음식 나눔 이야기

부처님 오신 날은 불교에서 가장 뜻깊은 날이다. 부처님 오신 날에 귀한 사찰음식을 대중에게 공양해야겠다는 마음으로 2005년부터 저녁 공양을 함께 나누고 있다. 사찰음식으로 공양을 하니 드신 분들의 미소가 부처님의 미소와 같이 느껴졌다. 그 미소는 모두에게 감동이었다. 이 감동을 서로 나누고자 사찰음식 나눔행사를 매년 이어서 해오고 있는 것 같다.

Korean temple food sharing event on Buddha's birthday

Meaningful Buddha's Birthday, Dorim cooks Korean Temple Food with a good heart,
and has been giving people a tasting event since 2005.
Many people who have eaten this dish are moved and feel happy.

Dorim's Temple Cuisine makes you feel happy
in your eyes, mouth, and heart.

김장
Gimjang
—

Kimchimaking for the winter

김치 나눔 이야기

사찰 김치는 재료 자체에 영양이 풍부하다. 늙은 호박, 연근죽, 현미찹쌀죽, 채수물, 고로쇠 간장, 개복숭아 효소, 매실청, 쇠비름 효소, 태양초 고춧가루 등의 천연 재료를 사용하기 때문이다. 영양가 풍부한 사찰 김치를 조금이라도 이웃들과 함께 나누고 싶은 마음에 2008년부터 김장 나눔봉사를 하고 있다. 항상 받으신 분들의 기쁨이 전해져서 지금까지도 계속해오고 있다. 나눔봉사를 통해 부처님의 자비와 사랑이 전해져 모두에게 행복으로 다가갔으면 좋겠다.

Kim Jang - A Story about Sharing Kimchi

Temple Kimchi contains ingredients that are rich in nutrition.

Only natural materials are used : Old pumpkin, Lotus Root Porridge, Sweet Brown Rice

Porridge, Vegetable Broth, Mono Maple Soy Sauce, Chinese Wild Peach Syrup,

Plum Syrup, Red Pepper Powder etc…

Since 2008, Dorim has been doing volunteer activities to distribute good Temple Kimchi.

Dorim's Kimchi makes people feel the joy of taste.

Chapter 06

NUN DORIM
and
YOUNG BUN

Lotus Garden

연꽃과 잎 요리
Yeonkkot & Nip Yori

Lotus Flower Leaf Cuisine

푸루른 어느 여름날,
할머니의 손을 잡고 절에 갔다가
커다란 항아리 진흙 속에 피어있는
고혹적인 연꽃의 자태에 눈길이 사로잡혔었다.
40년이 흐르고
도림 스님의 연잎 칼국수에
어린 시절 행복한 추억이 떠올라
나의 입가에 미소를 짓는다.

연은 불교와 인연이 깊은 꽃으로
부처를 상징하기도 하고
수행자의 모습에 비유되기도 한다.
연잎은 사찰음식의 귀한 재료로
색이 맑고 상처가 없는 둥글고 큰잎을 사용한다.
성인병 예방과 노화예방에 좋으며
비타민C와 식이섬유가 풍부하고
피로회복, 해독 및 항균효과가 있다.
피부도 맑고 깨끗하게 해준다고 알려져 있다.

꽃은 7 8월에 피고 백색 또는 홍색이며
꽃줄기 끝에 1개씩 달리고 줄기에 가시가 있다.

연잎 칼국수

Yeonnip Kalguksu

Lotus Leaf Chopped Noodles

재료

밀가루 3C	청고추 1개
연잎 1장(연잎 가루4T)	홍고추 1개
표고버섯 2개	국간장 2T
애호박 1/2개	소금 1t
당근 1/2개	물 1C
감자 2개	채수 8C

만드는 법

---

1   연잎과 물 1/2C를 믹서기에 갈아 면포에 싸서 즙만 짜 낸다.
     (연잎을 구하기 힘들 때는 연잎 가루를 이용한다.)

2   밀가루에 연잎즙을 넣고 물 1/2C를 조금씩 넣어가며 반죽을 해서
     냉장고에 30분간 넣어 둔다.

3   애호박은 돌려깍기 후에 당근과 함께 5cm 길이 0.5cm 두께로 채 썰고,
     표고버섯과 감자는 0.5cm 두께, 청 · 홍고추는 0.5cm 두께로 어슷 썬다.

4   냉장고에서 반죽을 꺼내어 0.5cm 두께로 민 뒤 0.3cm 너비로 길게 자른다.

5   냄비에 채수를 넣고 끓어오르면 면과 감자를 넣어 5분간 끓인다.

6   애호박, 당근, 표고버섯, 국간장을 넣고 2분간 더 끓인 후 청 · 홍고추를 넣고
     소금으로 간을 한다.

연꽃차
Lotus Flower Tea

7~8월에는 생 연꽃을 구할 수 있지만, 그 외 기간에는 냉동이나 말린 연꽃으로
차를 만들어 마실 수 있다. 넓은 큰 볼에 연꽃 봉우리의 위를 잡고,
90도의 따뜻한 물을 위에서 부어 가면서 연꽃 잎을 한 잎 한 잎 조심히 펼친다.

더덕 우유
Deodeok Uyu

Deodeok Milk

더덕 3개   꿀 1T

잣 2T   우유 500ml

만드는 법

1   더덕은 껍질을 까서 살짝 씻고 3등분 해둔다.

2   믹서기에 자른 더덕, 잣, 꿀을 넣고, 우유 1/2C에 한번 갈아준다.

3   부드럽게 갈은 2에 남은 우유를 모두 붓고 다시 한 번 갈아준다.

tip   더운 여름에는 약간의 얼음을 넣어 갈아도 좋다.

에
필
로
그

Vegetarian 미국인 친구가 한국에 와서 음식점을 찾아보다가 사찰음식 쿠킹 클레스를 알게되고 배우기 시작했습니다. 사찰음식 조리사 자격 수업에서 도림 스님을 스승님으로 만나면서 스님의 사찰음식에 큰 감동과 매력을 느껴 저는 도림 스님의 열성 팬이 되었습니다. 그리고 스님 요리의 맛과 매력을 많은 사람들과 함께 하고 싶어서 이렇게 책으로 담게 되었습니다.

책을 만들어 가는 사계절의 여정을 함께 해준

박상웅 Photographer, 김민아 Foodstylist, 전미경 Korean Temple Food Chef,

박수기, 변영주, 이은경, 박란희, 최윤숙, 최은실, 박진영 님과

사찰음식의 인연을 이어준 Julie,

Fooddirector의 길을 열어주신 김현학 Fooddirector 선생님께도

다시 한 번 감사의 인사를 드립니다.

그리고, 든든한 나의 Baron & Baron Jr. 고마워요.

2023년 어느날

변영분 Fooddirector

도림 스님의 맛의 기쁨

2024년 1월 25일 인쇄
2024년 2월 8일 발행

저자 | 도림 스님
연출 · 기획 | 변영분(instagram.com/youngbun1011)
사진 | 박상웅(instagram.com/gentlefoto.foodstylist)
　　　김현학(instagram.com/iamfoodstylist)
　　　변영분
요리 · 촬영에 도움 주신 분 | 이은경, 전미경, 박수기, 김민아, 박란희, 최윤숙

발행인 | 김정태
발행처 | 도서출판 미림원
출판신고 | 제2023-000025호
주소 | 경기도 남양주시 다산중앙로 146번길 7
전화 | 031-513-4600
팩스 | 031-513-4900

ISBN 978-89-94204-64-2　　13590
정가 29,700원

저자와의
협의하에
인지첨부
생략